Schmidthausen
Prause
Salih
Huesmann
Benen

Arbeitsheft FOS –

kompetenzorientiert

Klasse 11

Betriebswirtschaft und Rechnungswesen | Controlling

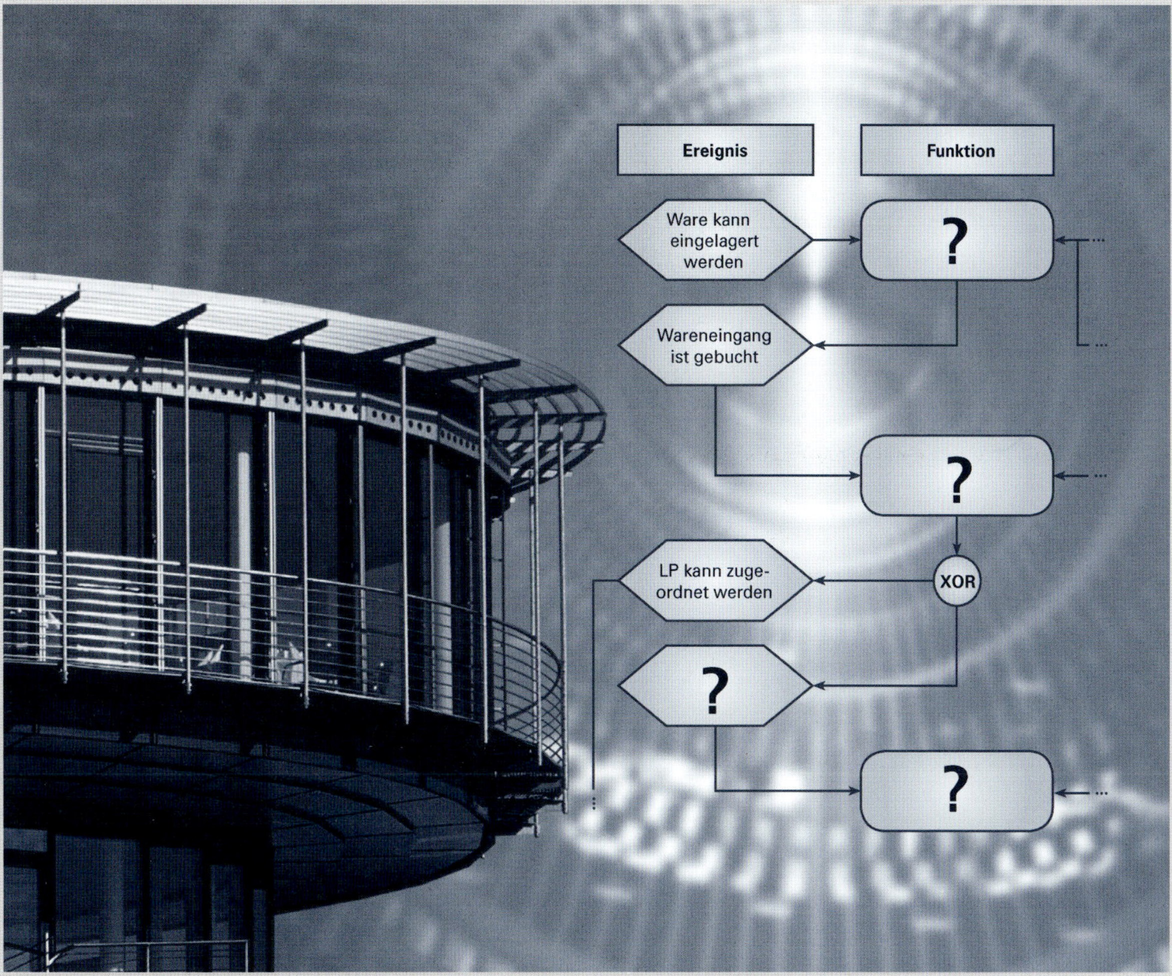

Merkur
Verlag Rinteln

Wirtschaftswissenschaftliche Bücherei für Schule und Praxis
Begründet von Handelsschul-Direktor Dipl.-Hdl. Friedrich Hutkap †

Verfasser:

Michael Schmidthausen, Duisburg
Petra Prause, Duisburg
Ralf Salih, Cuxhaven
Manfred Huesmann, Oerlinghausen
Dr. Dieter Benen, Bielefeld

Bilddatenverzeichnis:
Seite 24: © pressmaster – Fotolia.com

* * * * *

4. Auflage 2025

Gesamtherstellung:
Merkur Verlag Rinteln Hutkap GmbH & Co. KG, 31735 Rinteln

E-Mail: info@merkur-verlag.de
lehrer-service@merkur-verlag.de
Internet: www.merkur-verlag.de

Merkur-Nr. 1587-04
ISBN 978-3-8120-1157-0

Vorwort

Das Arbeitsheft richtet sich exakt nach den **aktuellen Rahmenrichtlinien** für den berufsbezogenen Lernbereich in der **Fachoberschule – Wirtschaft und Verwaltung (Schwerpunkt Wirtschaft)** in Niedersachsen. Es umfasst die Lerngebiete 11.1, 11.2 und 11.3. Für die 12. Klasse steht das Merkur-Arbeitsheft 1588 zur Verfügung.

Die **Lerngebiete** des Bildungsplans werden **in Form von Lernsituationen konkretisiert.** Das Arbeitsheft vertieft auf diese Weise den Gedanken der Kompetenzorientierung (situationsbezogen – problemorientiert – kompetenzfördernd), dokumentiert aufgrund seines Workbook-Charakters den Kompetenzerwerb und entlastet die Lehrkraft hinsichtlich Unterrichtsvorbereitung, Kopieraufwand und didaktischer Jahresplanung.

Schulbuch S. xxx–xxx

Die Lernsituationen des Arbeitsheftes sind passgenau mit dem **Merkurbuch 0587** (Schulbuch „Betriebswirtschaft und Rechnungswesen|Controlling für die Fachoberschule Wirtschaft – Klasse 11", ab 6. Auflage 2024) abgestimmt. Die **Seitenverweise** am Rande der Einstiegssituationen erleichtern die eventuell notwendige Informationsbeschaffung. Daher wäre ein **paralleler Einsatz ideal.**

Ausgangspunkt für die Lernsituationen ist die **Goslarer Büromöbel AG,** ein Industriebetrieb, der Teil des fiktiven **Gewerbeparks Goslar** ist. Dieser wird im Merkurbuch 0587 näher vorgestellt.

Im Sinne eines kompetenzorientierten Unterrichts beginnen die Lernsituationen jeweils mit einem **situationsbezogenen** und in der Regel problemorientierten Einstieg. Angeleitet durch die darauf folgenden Arbeitsaufträge sollen die Schülerinnen und Schüler zunächst das vorgegebene **Problem selbstständig lösen** und schließlich zu einer vertiefenden Auseinandersetzung mit dem jeweiligen (Teil-)Geschäftsprozess gelangen. Das hierfür notwendige **Informationsmaterial** kann am besten mithilfe des Merkurbuches 0587 beschafft werden, Seitenverweise erleichtern hier die Recherche.

Ein hervorgehobenes Ziel ist es bei der Erstellung dieses Bandes gewesen, **methodische Vielseitigkeit** (z. B. Einübung von Präsentationen, Rollenspiele, Anfertigung ereignisorientierter Prozessketten, Erstellen von Geschäftsbriefen) zu gewährleisten.

Um der Intention der Rahmenrichtlinien gerecht zu werden, sollten die Lernsituationen **im Idealfall Stück für Stück** in der vorgegebenen Reihenfolge durchgearbeitet werden. Jede Lernsituation „funktioniert" jedoch in der Regel auch für sich genommen, sodass die Situationen **bei Bedarf auch punktuell** eingesetzt werden können.

Die Entscheidung, ob die Lernsituationen in **Einzel-, Partner- oder Gruppenarbeit** bearbeitet werden, wollen wir jeder Lehrkraft gerne selbst überlassen.

An einigen Stellen fordert das Autorenteam mit seinen Arbeitsaufträgen bewusst dazu auf, „über den Tellerrand zu schauen". Im Einklang mit den Ansprüchen an einen differenzierten Unterricht sind an diesen Stellen **anspruchsvolle Transferleistungen** gefragt. Diese Arbeitsaufträge werden mit dem nebenstehenden Symbol gekennzeichnet.

Duisburg und Cuxhaven, im Frühjahr 2025

Die Verfasser

Inhaltsverzeichnis

Die Goslarer Büromöbel AG kennenlernen

Lerngebiet 11.1: Unternehmen in ihren Strukturen und Prozessen darstellen und vergleichen

Lerngebiet 11.2: Unternehmensbezogene Informationen computergestützt verarbeiten

Lerngebiet 11.3: Werte und Werteströme unter Einsatz einer integrierten ERP-Software erfassen, darstellen und auswerten

Die Goslarer Büromöbel AG kennenlernen

Situation:

Die Goslarer Büromöbel AG, ein Industrieunternehmen im Harz, produziert moderne Büromöbel. Das Unternehmen befindet sich im Goslarer Gewerbepark. Die Goslarer Büromöbel AG wendet sich mit ihren Produkten an Unternehmen sämtlicher Branchen. Privatpersonen zählen bislang kaum zu der anvisierten Zielgruppe, wenngleich mittlerweile ein Onlineshop existiert. Der Vertrieb der Büromöbel erfolgt überwiegend auf direktem Absatzweg an Kunden in ganz Deutschland. Vereinzelt werden auch exklusive Büroeinrichtungshäuser beliefert.

Die Goslarer Büromöbel AG ist seit mehreren Jahren auf dem Markt für Büromöbel eingeführt und behauptet sich dort erfolgreich gegen ihre Wettbewerber. Hervorgegangen ist die Goslarer Büromöbel AG aus der von Daniel Grube, Karin Brand und Klaus Meier gegründeten GBM Büromöbel OHG, die später unter neuem Namen in eine Aktiengesellschaft umgewandelt wurde.

GB Goslarer Büromöbel AG

Anschrift:

Goslarer Büromöbel AG
Industriepark 5
38644 Goslar

Telefon, Telefax und E-Mail:

Telefon: 05321 3879-0
Telefax: 05321 3879-1
E-Mail: info@gbmag.de

Bankverbindung:

Commerzbank Goslar
IBAN: DE75 2684 0032 0006 7523 04
BIC: COBADEFF268

Sparkasse Hildesheim Goslar Peine
IBAN: DE63 2595 0130 0000 6375 26
BIC: NOLADE21HIK

Die Produkte werden nach Kundenauftrag gefertigt. Das derzeitige Produktionsprogramm umfasst insbesondere folgende Produktgruppen:

Produktgruppe I:	Schreibtische
Produktgruppe II:	Bürostühle
Produktgruppe III:	Büroschränke

Innerhalb einer Produktgruppe sind verschiedene Modelle erhältlich.

Die Produkte werden überwiegend in Serie gefertigt. Wenn vom Kunden gewünscht, werden jedoch auch Spezialanfertigungen hergestellt.

Die Zahl der Mitarbeiter hat in den vergangenen Jahren aufgrund der positiven Geschäftsentwicklung stetig zugenommen.

Zurzeit sind ca. 420 Mitarbeiter bei der Goslarer Büromöbel AG beschäftigt.

Die Goslarer Büromöbel AG ist gemäß dem Stabliniensystem aufgebaut. Der Vorstand besteht aus drei Mitgliedern.

Dem Vorstand unterstehen die vier Bereichsleiter. Diese sind den Abteilungsleitern ihrer Bereiche gegenüber weisungsbefugt, die wiederum nur ihren Mitarbeitern Weisungen erteilen dürfen. Darüber hinaus gibt es zwei Stabsabteilungen, die den Vorstand beraten. Deren Leiter sind den Bereichsleitern nicht weisungsbefugt.

Das nachfolgende Organigramm (Material 1) verdeutlicht die Aufbauorganisation der Goslarer Büromöbel AG.

Material 1: Organigramm der Goslarer Büromöbel AG

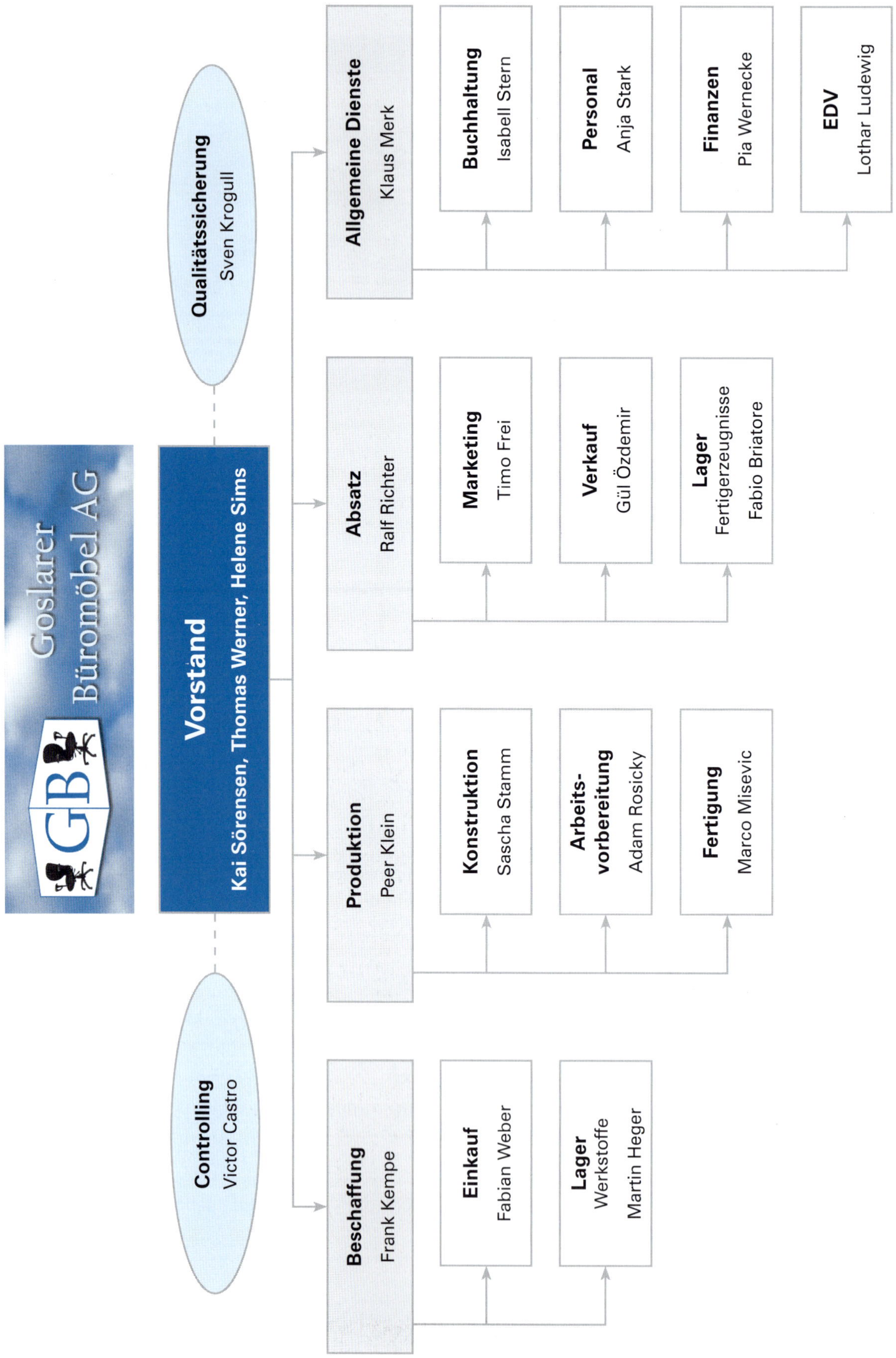

Arbeitsauftrag:

Verschaffen Sie sich einen Überblick über die Goslarer Büromöbel AG. Nutzen Sie hierzu das folgende Auswertungsformular.

Material 2: Auswertungsformular

Auswertung

Goslarer Büromöbel AG

1. Unternehmensart: ➤ ____________________
2. Branche: ➤ ____________________
3. Produktgruppen: ➤ ____________________
   ➤ ____________________
   ➤ ____________________
4. Gesellschaftsform (Rechtsform): ➤ ____________________
5. Hervorgegangen aus: ➤ ____________________
6. Standort: ➤ ____________________
7. Verkaufsgebiet: ➤ ____________________
8. Vertriebsweg: ➤ ____________________
9. Kundenzielgruppe: ➤ ____________________
10. Fertigung: ➤ ____________________
    ____
11. Zahl der Mitarbeiter: ➤ ____________________
12. Aufbauorganisation: ➤ ____________________
    - ________ Vorstand
    - ________ Bereiche
    - ________ Abteilungen
    - ________ Stabsabteilungen mit ____________ Funktion

Lerngebiet 11.1: Unternehmen in ihren Strukturen und Prozessen darstellen und vergleichen

Schulbuch
S. 23–28

1 Die Goslarer Büromöbel AG im gesamtwirtschaftlichen Umfeld analysieren

Situation:

Die Goslarer Büromöbel AG erhält von der Bauer GmbH in Bochum eine Anfrage über die Lieferung von 200 Schreibtischen. Die Schreibtische sollen nach speziellen Kundenwünschen gefertigt werden. Die Goslarer Büromöbel AG prüft die technische und wirtschaftliche Machbarkeit und unterbreitet der Bauer GmbH ein entsprechendes Angebot. Nach kurzer Überlegung gibt die Bauer GmbH die Bestellung auf. Nun kann der Auftrag bearbeitet werden.

Arbeitsaufträge:

1. Die Goslarer Büromöbel AG ist auf verschiedenen Märkten tätig und dort mit anderen Unternehmen auf vielfältige Weise verbunden. Veranschaulichen Sie diesen Sachverhalt, indem Sie das Schaubild auf S. 11 (Material 1) ergänzen.

2. Die Abwicklung des in der Situation beschriebenen Kundenauftrags vollzieht sich in vielen kleinen Teilschritten. Hieran sind verschiedene Abteilungen der Goslarer Büromöbel AG beteiligt.

   2.1 Vervollständigen Sie in diesem Zusammenhang die Tabelle auf S. 12 (Material 2), indem Sie auf S. 13 die dort angeführten Begriffe und Vorgänge den Beziehungspfeilen in dem Schaubild (Material 3) zuweisen und in die Tabelle eintragen.

   2.2 Entscheiden Sie auch, ob es sich in den einzelnen Fällen um einen Güter- oder Geldstrom handelt.

Vorgänge	Güter- oder Geldstrom
Einlagerung der 200 Schreibtische	
Überweisung des Kunden	

3. Im Wirtschaftsleben finden sich viele verschiedene Betriebe, die unterschiedliche Aufgaben wahrnehmen. Gliedern Sie die in der Tabelle (Material 4) aufgelisteten Betriebe hinsichtlich der folgenden Merkmale:
   - nach dem Wirtschaftsbereich,
   - nach dem Sachziel,
   - nach der Bezeichnung (Anbaubetrieb, Abbaubetrieb, Produktionsgüterbetrieb, Konsumgüterbetrieb, Handelsbetrieb, Verkehrsbetrieb, Kreditinstitut, Versicherungsbetrieb oder Beratungsbetrieb).

4. Ordnen Sie die unter Material 5 aufgeführten Unternehmen in einer sinnvollen Reihenfolge an und machen Sie deutlich, welche Beziehung (hier: Unternehmen X liefert _______ an Unternehmen Y) zwischen den Unternehmen besteht.

Material 1: Die Goslarer Büromöbel AG im gesamtwirtschaftlichen Zusammenhang

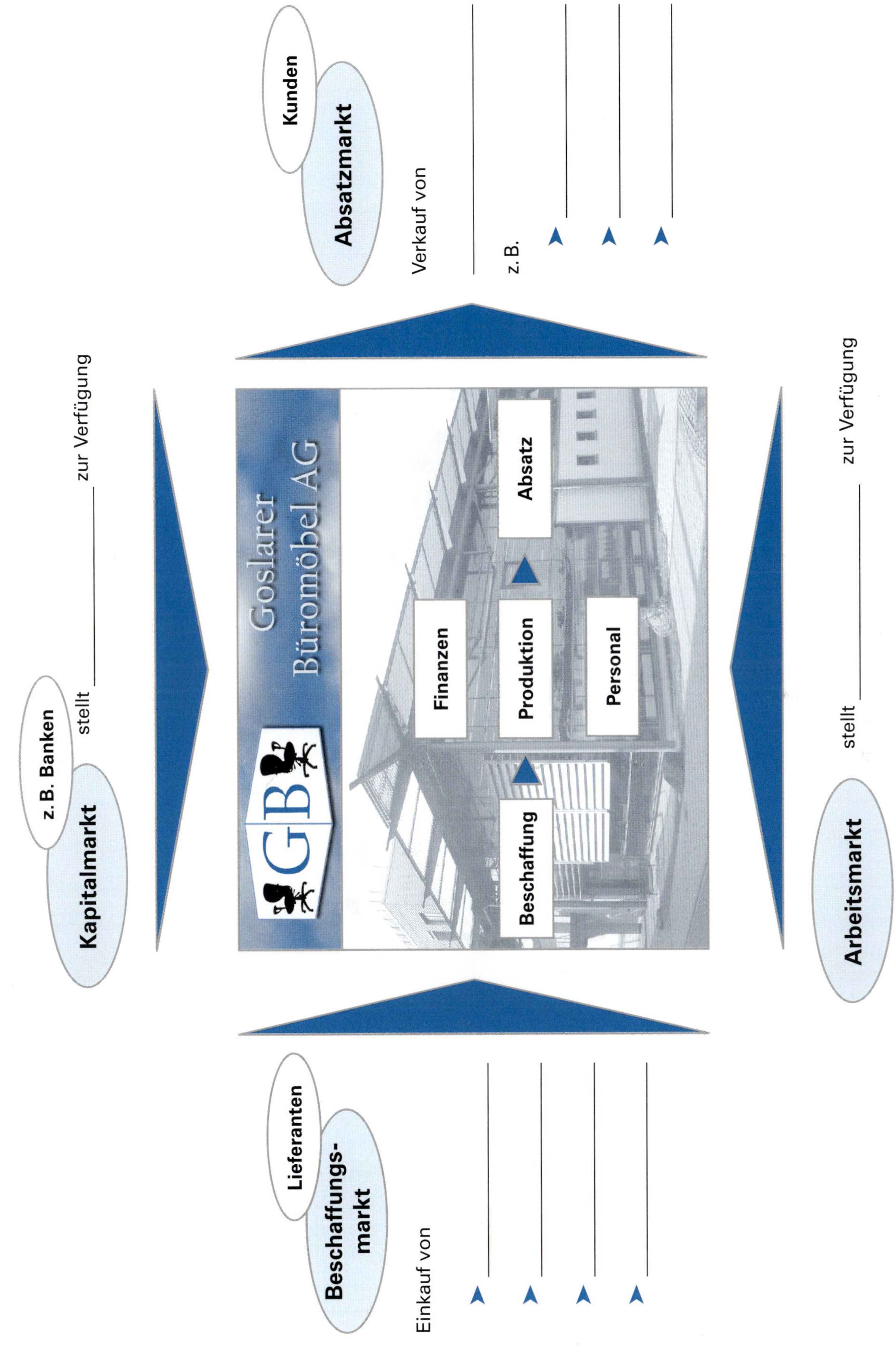

Material 2: Abwicklung des Auftrags der Bauer GmbH

Auftragsabwicklung — Goslarer Büromöbel AG

Nr.	Beziehungen zwischen		Begriffe und Vorgänge
1	Kunde	Verkauf	Anfrage des Kunden
2	Verkauf	Kunde	
3	Kunde	Verkauf	
4	Verkauf	Produktion	
5	Produktion	Lager *Werkstoffe*	
6	Lager *Werkstoffe*	Produktion	
7	Produktion	Verkauf	
8	Produktion	Lager *Fertige Erzeugnisse*	
9	Verkauf	Lager *Fertige Erzeugnisse*	
10	Lager *Fertige Erzeugnisse*	Kunde	
11	Verkauf	Kunde	
12	Kunde	Bank	
13	Bank	Rechnungswesen	
14	Rechnungswesen	Verkauf	

Material 3: Auftragsabwicklung in der Goslarer Büromöbel AG

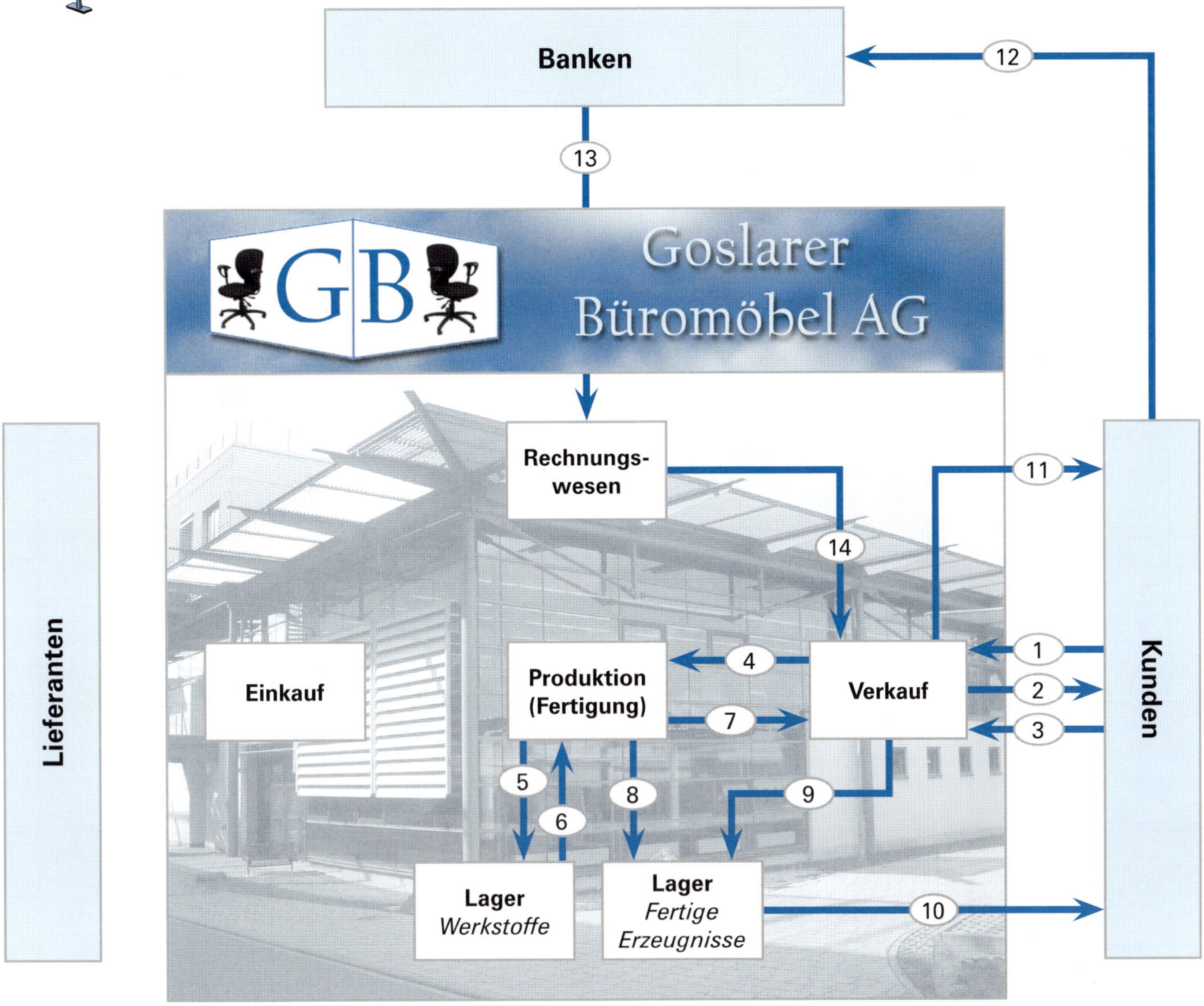

Begriffe und Vorgänge			
a)	Schreibtische an Kunden liefern	h)	Materialanforderung (Holz, Schrauben etc.)
b)	Bestellung des Kunden	i)	Schreibtische versandfertig machen
c)	Einlagerung der 200 Schreibtische	j)	Rechnung an Kunden
d)	Material an Produktion liefern	k)	Fertigmeldung über 200 Schreibtische
e)	Überweisung des Kunden	l)	Zahlungseingangsmeldung an Verkauf
f)	Kontoauszug (Zahlungseingang)	m)	Angebot
g)	Fertigungsauftrag (200 Schreibtische)	n)	Anfrage des Kunden **(Schritt 1)**

Material 4: Unternehmenstypen

	Betriebe	Gliederung nach dem Wirtschaftsbereich	dem Sachziel	der Bezeichnung
1	Goslarer Büromöbel AG			
2	Schreinerei Müller e. K.			
3	Saturn AG			
4	Verkehrsverbund der Region Hannover (GVH)			
5	Ruhrkohle AG (RAG)			
6	Allianz AG			
7	Commerzbank AG			
8	Rechtsanwälte Müller & Co.			
9	Dachser Logistik AG			

Material 5: Beziehungen zwischen den Unternehmen

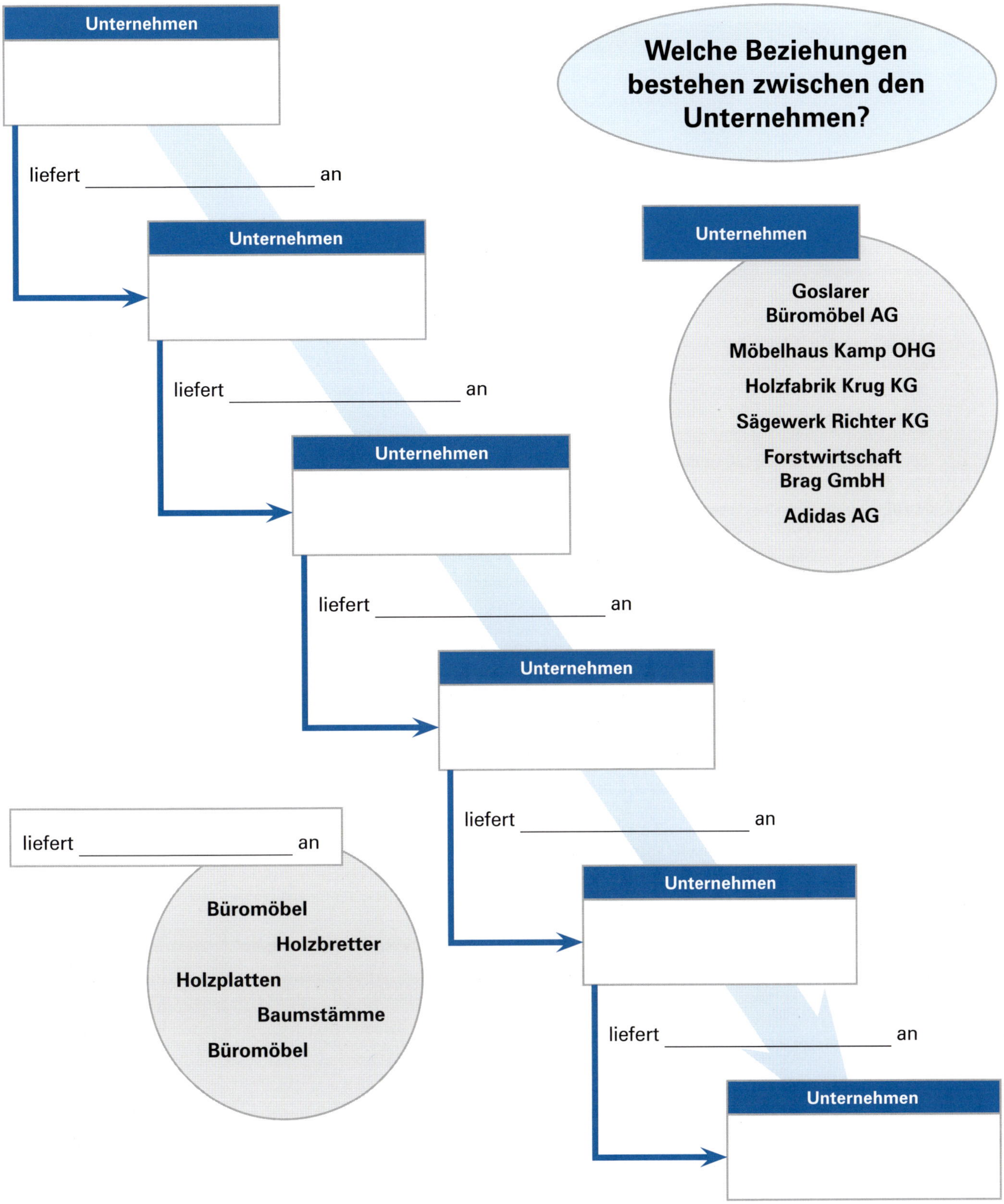

Schulbuch S. 30–40

2 Unternehmensziele setzen

Situation:

Interview der Zeitschrift „MANAGER VON MORGEN" (MVM) mit Herrn Sörensen, Vorstandsvorsitzender der Goslarer Büromöbel AG.

GB Goslarer Büromöbel AG

Erfolg kommt nicht von ungefähr

Randnotizen (Aufgabe 3)

MVM: Herr Sörensen, Ihr neues Verwaltungsgebäude kann sich durchaus sehen lassen. Wirklich beeindruckend.

Sörensen: Vielen Dank, unsere Mitarbeiter sollen sich wohl fühlen. Besonderen Wert haben wir auch auf die Einrichtung von zwei behindertengerechten Arbeitsplätzen gelegt, die unseren beiden betroffenen Mitarbeitern die Arbeit wesentlich erleichtern.

MVM: Sie leiten ein Unternehmen, das viele Unternehmen mit seinen Produkten beliefert. In Ihrer Branche liefen die Geschäfte in letzter Zeit – auch konjunkturbedingt – nicht gerade glänzend. Ist es richtig, dass Sie nach einem Verlustjahr für das laufende Geschäftsjahr wieder auf einen Gewinn hoffen können?

Sörensen: Erfreulicherweise ist das richtig. Selbstverständlich war, ist und bleibt es unser oberstes Ziel, auf längere Sicht einen möglichst hohen Gewinn zu erzielen.

MVM: Worauf führen Sie diese positive Entwicklung zurück?

Sörensen: Unser Ziel war eine Kostensenkung von 5 %. Durch eine Reihe erfolgreicher Rationalisierungsmaßnahmen ist uns dies auch weitgehend gelungen. Wir arbeiten heute bedeutend wirtschaftlicher als noch vor drei Jahren. Durch den Einsatz moderner Fertigungsmaschinen war es zudem möglich, die Produktivität unseres Unternehmens zu verbessern, d.h., wir produzieren heute in der gleichen Zeit mehr Büromöbel als früher.

MVM: Reichen Ihre Überlegungen zum Thema Kostensenkung denn aus, um dem Wettbewerbsdruck standzuhalten?

Sörensen: Nein, in den kommenden Jahren werden wir weitere Anstrengungen unternehmen müssen. Die Konkurrenz aus Fernost ist wahrlich nicht zu unterschätzen. Wir haben uns allerdings nicht nur auf die Senkung der Kosten konzentriert, sondern auch bei unseren neu entwickelten Produkten bezüglich Qualität und Umweltschutz noch einmal zulegen können. Die Absatzentwicklung zeigt deutlich, dass wir bei unseren Kunden richtig liegen. So konnten wir z. B. im Vergleich zum Vorjahr 10 % mehr Schreibtische verkaufen. Zudem ist uns eine beträchtliche Umsatzsteigerung gelungen und wir konnten unseren alten Marktanteil, der in den letzten Jahren um 5 % zurückgegangen war, fast wieder erreichen. Nicht unerwähnt lassen möchte ich an dieser Stelle auch, dass unsere neu entwickelten Produkte auf modernen Fertigungsmaschinen hergestellt werden, die wesentlich weniger Energie verbrauchen und darüber hinaus emissionsarm arbeiten.

MVM: Sicherlich hat sich Ihr gesamter Maßnahmenkatalog auch positiv auf die Sicherung der Arbeitsplätze ausgewirkt.

Sörensen: Nicht nur das. Darüber hinaus sind wir immer noch in der Lage, unseren Mitarbeitern Löhne und Gehälter zu zahlen, die über dem Branchentarif liegen.

MVM: Herr Sörensen, wir danken Ihnen für das Gespräch.

Arbeitsaufträge:

1. Unterstreichen Sie die verschiedenen Unternehmensziele, die im Interview genannt werden.

2. Die im Interview genannten Unternehmensziele können drei Kategorien (A, B oder C) zugeordnet werden. Finden Sie entsprechende Oberbegriffe.

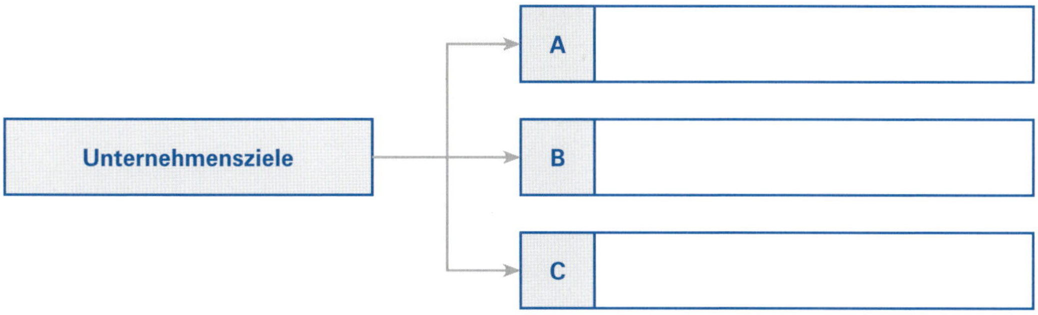

3. Ordnen Sie die Unternehmensziele per Randnotiz (A, B oder C) den drei Kategorien zu.

4. Erstellen Sie anschließend mithilfe der vorgegebenen Struktur (Material 1) eine Übersicht zum Thema Unternehmensziele.

5. Ergänzen sich zwei Ziele, spricht man von Zielharmonie. Auf der anderen Seite ist es denkbar, dass sich zwei Ziele nicht miteinander vereinbaren lassen. In diesem Fall ist von Zielkonflikten die Rede. Nennen Sie jeweils ein Beispiel für Ziele, die sich ergänzen, und Ziele, die sich ausschließen.

Zielharmonie	
Ziel 1	**Ziel 2**
Begründung:	

Zielkonflikt	
Ziel 1	**Ziel 2**
Begründung:	

6. Das von der Goslarer Büromöbel AG gezahlte Weihnachtsgeld liegt weit über dem Branchendurchschnitt. Gleichzeitig verfolgt das Unternehmen das Ziel der Gewinnmaximierung. Überprüfen Sie, ob es sich hierbei um einen Widerspruch handelt.

Material 1:

Unternehmensziele

A: ____________

B: ____________

C: ____________

Schulbuch S. 45–50

3 Das Unternehmen organisieren

Situation:

Bei Gründung der Goslarer Büromöbel AG hat sich die Unternehmensführung intensive Gedanken über den organisatorischen Aufbau des Unternehmens gemacht. Hierbei mussten u. a. folgende Fragen beantwortet werden:

- Welche Aufgaben müssen erledigt werden?
- Welche Aufgaben kann man in einer Stelle bündeln?
- Welche Stellen können zu einer Abteilung zusammengefasst werden?

Letztlich hat man sich für folgenden Organisationsplan entschieden:

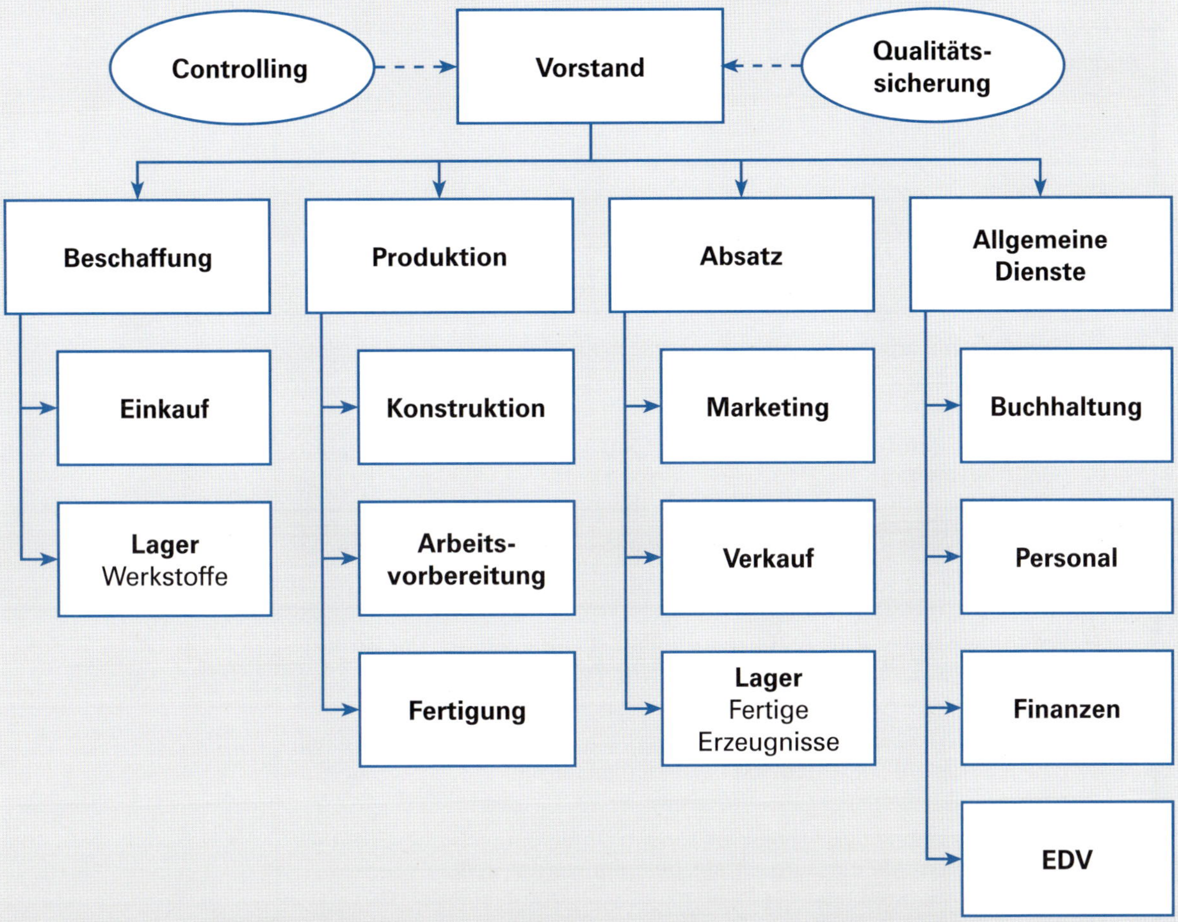

Dem Vorstand unterstehen die vier Bereichsleiter. Diese sind nur den Abteilungsleitern ihrer Bereiche gegenüber weisungsbefugt, die wiederum nur ihren Mitarbeitern Weisungen erteilen dürfen. Darüber hinaus gibt es zwei Stabsabteilungen, die den Vorstand beraten. Deren Leiter sind den Bereichsleitern nicht weisungsbefugt. Gleiches gilt auch umgekehrt.

Arbeitsaufträge:

1. Das obige Schaubild zeigt die Aufbauorganisation der Goslarer Büromöbel AG. Entscheiden Sie, ob es sich um eine aufgaben- oder objektorientierte Unternehmensorganisation handelt.

Aufbauorganisation	

2. Nennen Sie bezogen auf den Organisationsplan der Goslarer Büromöbel AG beispielhaft eine Hauptaufgabe und die dazugehörenden Teilaufgaben.

Hauptaufgabe	
Teilaufgaben	

3. Nehmen Sie an, ein Kunde bestellt bei der Goslarer Büromöbel AG 100 Standardbürostühle, die in der Regel sofort lieferbar sind. Nennen Sie die drei Abteilungen, die an dem Geschäftsprozess „Kundenauftrag bearbeiten" beteiligt sind.

Abteilung 1	
Abteilung 2	
Abteilung 3	

4. Nennen Sie die Abteilungen, in denen die in der folgenden Tabelle aufgeführten Mitarbeiter arbeiten.

1	Herr Bregenz arbeitet an einer Sägemaschine und schneidet dort Holzplatten zu.	
2	Frau Feller prüft eingehende Rechnungen und überweist die fälligen Rechnungsbeträge.	
3	Herr Sokratis ist für die Einlagerung der angelieferten Materialien zuständig.	
4	Herr Simon besucht als Außendienstmitarbeiter die Kunden der Goslarer Büromöbel AG und stellt den Kunden neue Produkte vor.	
5	Frau Klemm ist an der Planung einer Werbekampagne beteiligt, die einen neuen Bürostuhl auf dem Markt bekannt machen soll.	
6	Herr Peters erstellt den Arbeitsplan für den neuen Büroschrank. Er enthält Informationen, wie der Büroschrank gefertigt werden soll.	
7	Herr Schwan ist dafür zuständig, die von Kunden bestellten Büromöbel transportsicher zu verpacken und bereitzustellen.	
8	Herr Krohm ist für die Qualifizierung der Mitarbeiter zuständig und beschäftigt sich u. a. mit der Organisation der Weiterbildungsseminare.	

5. Die Yamoto AG, ein großes weltweit agierendes Unternehmen, bietet Produkte aus vielen verschiedenen Produktfeldern an. Das Absatzprogramm umfasst Musikinstrumente, Motorräder und Tennisschläger. Nennen Sie die Aufbauorganisation, die sich in diesem Fall anbietet.

Aufbauorganisation	

6. Gestalten Sie für die Yamoto AG einen geeigneten Organisationsplan (Organigramm – Material 1).

Material 1: Organisationsplan Yamoto AG

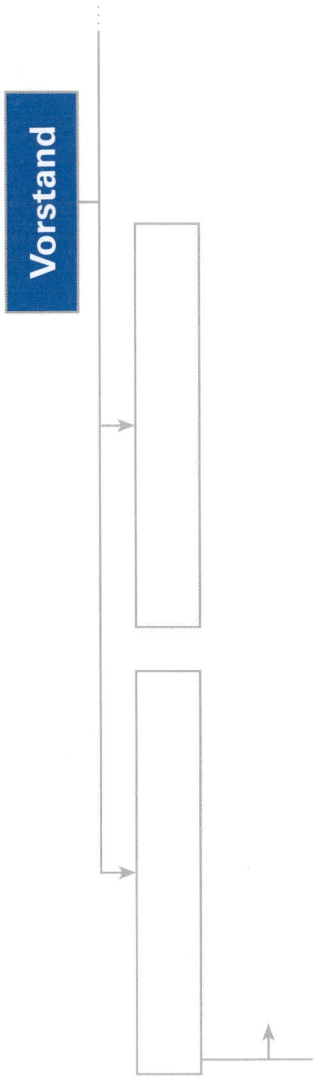

7. In jeder Abteilung der Goslarer Büromöbel AG arbeiten mehrere Mitarbeiter. Auf S. 47f. des Schulbuches finden Sie ein Beispiel für eine Stellenbeschreibung. Die Stelle wird derzeit von Herrn März eingenommen.

   Vervollständigen Sie die nachfolgende Tabelle, indem Sie die folgenden Fragen beantworten:

   - Wie wird die Stelle bezeichnet?
   - Welcher Abteilung ist diese Stelle zuzuordnen?
   - Welche Personen sind Herrn März gegenüber weisungsbefugt?
   - Welche Aufgabe hat Herr März?

Bezeichnung der Stelle	
Abteilung	
weisungsbefugte Stellen gemäß Organigramm und Stellenbeschreibung	
wesentliche Aufgabe	

8. Herr Weber, Einkaufsabteilungsleiter der Goslarer Büromöbel AG, bestellt den gesamten Jahresbedarf an Sitzpolstern auf einmal, da ein sich neu auf dem Markt befindender Lieferant die Sitzpolster zu unglaublich niedrigen Preisen anbietet. Erklären Sie, warum andere Abteilungsleiter damit überhaupt nicht einverstanden sind.

____

____

____

____

____

____

Schulbuch S. 51–59

4 Geschäftsprozesse darstellen

Situation:

Die Goslarer Büromöbel AG ist erfolgreich auf dem Markt für Büromöbel tätig. Die positive Geschäftsentwicklung hatte dazu geführt, dass in den vergangenen Jahren immer wieder zusätzliche Mitarbeiter eingestellt werden konnten.

Die Einarbeitung der neuen Mitarbeiter in ihr Aufgabengebiet verlief allerdings nicht immer unproblematisch.

Damit sich die neuen Mitarbeiter bei der Goslarer Büromöbel AG schneller zurechtfinden, hat der Vorstand der Goslarer Büromöbel AG ein Projektteam zusammengestellt, das entsprechende Lösungsvorschläge erarbeiten soll.

Arbeitsaufträge:

1. Erläutern Sie einen wesentlichen Vorteil, der mit einer kurzen Einarbeitungszeit für die Goslarer Büromöbel AG verbunden ist.

2. Um die neuen Mitarbeiter mit den betrieblichen Abläufen in ihrer Abteilung vertraut zu machen, hat das Projektteam, in Absprache mit dem Vorstand, sämtliche Mitarbeiter gebeten, die von ihnen zu bearbeitenden Geschäftsprozesse schriftlich zu beschreiben.

2.1 **Beispiel aus der Personalabteilung**

Die Goslarer Büromöbel AG beabsichtigt, zum 01.09.20.. drei Industriekaufleute auszubilden. Aus diesem Grund hat Frau Kugler eine entsprechende Stellenanzeige in den einschlägigen Portalen im Internet sowie bei der Bundesagentur für Arbeit geschaltet.

Frau Kleine ist nun im Rahmen des Geschäftsprozesses „Einstellung von Auszubildenden" für den Teilprozess **„Bewerbungen sichten"** zuständig.

Prozessbeschreibung „Bewerbungen sichten"

Nachdem die Bewerbungen eingegangen sind, prüfe ich, ob die Bewerbungen den Anforderungen genügen. Hierbei achte ich auf die Schulnoten, die Rechtschreibung und auch auf die Vollständigkeit der Bewerbungsunterlagen. Sind alle Anforderungskriterien erfüllt, lade ich die Bewerber zu einem Einstellungstest ein. Im anderen Fall erhalten die Bewerber von mir eine schriftliche Absage. Gleichzeitig erhalten diese Bewerber ihre Bewerbungsunterlagen zurück.

Meike Schäfer, Mitglied des Projektteams, hat sich nun im nächsten Schritt anhand der schriftlichen Prozessbeschreibung von Frau Kleine daran begeben, eine ereignisgesteuerte Prozesskette (EPK) zu erstellen.

Vervollständigen Sie unter Berücksichtigung der Prozessbeschreibung das Arbeitsergebnis von Frau Schäfer (Material 1) und korrigieren Sie etwaige Unrichtigkeiten (Tipp: 2 Fehler). Berücksichtigen Sie hierzu auch den Überblick aus dem Projekt-Handbuch der Goslarer Büromöbel AG zu den wichtigsten Regeln und Grundlagen der EPK-Erstellung (Material 2).

Material 1: EPK-Entwurf „Bewerbungen sichten“ von Frau Schäfer

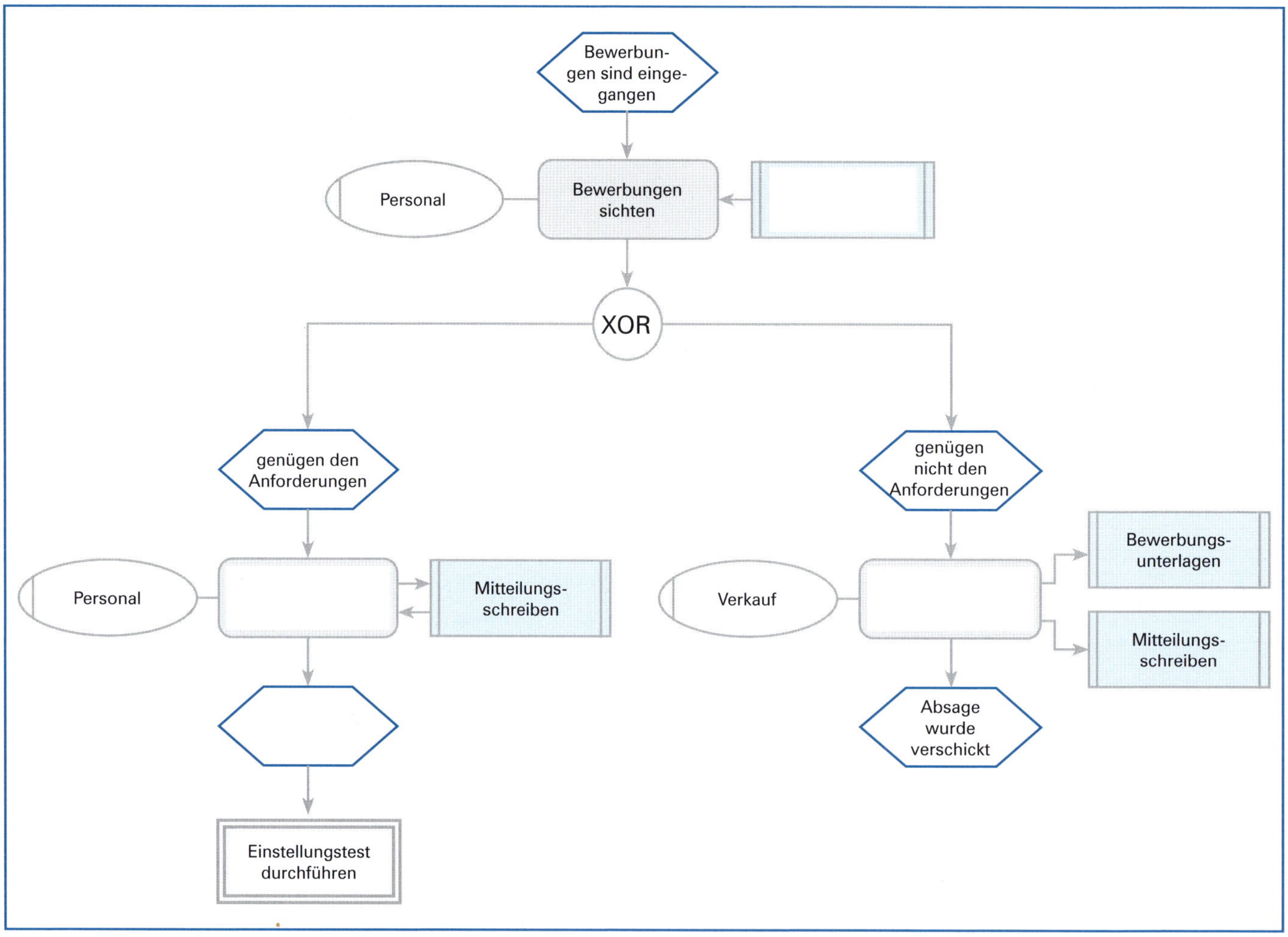

Material 2: Auszug aus dem Projekt-Handbuch der Goslarer Büromöbel AG

Goslarer Büromöbel AG

Wichtige Regeln zur Erstellung ereignisgesteuerter Prozessketten (EPKs):

1. Eine EPK beginnt und endet meist mit einem Ereignis. Eine EPK kann aber auch mit einem Prozesswegweiser enden.
2. Auf ein Ereignis folgt immer eine Funktion.
3. Auf dem Weg durch den Prozess wechseln sich Ereignis und Funktion immer ab. Ein Ereignis kann z. B. nicht direkt auf ein anderes Ereignis folgen.
4. Folgen auf eine Funktion zwei alternative Ereignisse, werden diese durch einen Operator (XOR bzw. OR) miteinander verbunden. Während das einfache ODER zwei Möglichkeiten zulässt (z. B. „Ware wird zu spät ODER mangelhaft geliefert"), schließt das XOR (im Sinne von „entweder – oder") mit dem Eintritt der einen Möglichkeit den Eintritt der anderen aus (z. B. „es wird zu viel Ware XOR zu wenig Ware geliefert").
5. Folgen auf ein Ereignis zwei Funktionen, die parallel ausgeführt werden können, werden diese durch einen UND-Operator miteinander verbunden.
6. Werden Verzweigungen wieder zusammengeführt, geschieht dies durch den Operator, der die Verzweigung eingeleitet hat.
7. Informationsobjekte sind ausschließlich an Funktionen geknüpft.
8. Organisationseinheiten sind ebenfalls ausschließlich an Funktionen geknüpft.
9. Ein Prozesswegweiser kann anstelle einer Funktion stehen.
10. Einem Prozesswegweiser geht immer ein Ereignis voraus.
11. Alle Symbole müssen mit Linien verbunden sein.

Grafische Elemente (Darstellungsweisen):[1]

Elemente	Beschreibung der Elemente	Zusätzliche Bemerkungen
Ereignis	Das **Ereignis** beschreibt das Eintreten eines Zustandes, der eine Handlung (Funktion) auslöst bzw. das Ergebnis einer Funktion sein kann.	Jeder Geschäftsprozess beginnt mit einem **Start-/Auslöseereignis** und endet mit einem **End-/Ergebnisereignis.** Da dieses Element ein Ereignis beschreibt, das soeben eingetroffen ist, sollte hierfür auch als Zeitangabe das Partizip Perfekt[2] verwendet werden. (Beispiel: Auftrag **ist eingetroffen,** Rechnung **ist bezahlt.**)
Funktion	Die **Funktion** beschreibt, was nach einem auslösenden Ereignis gemacht werden soll.	Funktionen verbrauchen Mittel (Ressourcen) und Zeit. Da dieses Element eine Tätigkeit beschreibt, sollten auch Tätigkeitswörter verwendet werden. (Beispiel: Mahnung schreiben, Fälligkeit prüfen).

1 Die dargestellten Elemente sind der LEU-Handreichung LP 02 BK WI 0302.doc (Baden-Württemberg) entnommen. Autoren sind: Heinz Baumgartner, Klaus Ebert und Karsten Schleider.

2 Das Partizip Perfekt stellt den Abschluss oder Vollzug eines Geschehens als eine (im Sprechzeitpunkt) gegebene Tatsache oder Eigenschaft fest.

Elemente	Beschreibung der Elemente	Zusätzliche Bemerkungen
Organisationseinheit	Die **Organisationseinheit** gibt an, welche Stelle die bestimmte Funktion ausführt.	Die Organisationseinheit gibt an, **wer** die angegebene Funktion ausführt. Dieses Element ist daher mit der betreffenden Funktion auf gleiche Höhe zu zeichnen.
Informationsobjekt	Mit dem **Informationsobjekt** werden die für die Durchführung der Funktion benötigten Daten angegeben.	Das Informationsobjekt kann nur mit Funktionen verbunden werden.
∧ ∨ XOR	Die drei verschiedenen logischen **Operatoren** ermöglichen es, Verzweigungen zwischen Ereignissen und Funktionen bzw. umgekehrt einzufügen.	∧ = UND ∨ = ODER XOR = exklusives ODER
Prozesswegweiser	Der **Prozesswegweiser** (Unterprozess) ermöglicht es, einzelne Geschäftsprozesse miteinander zu verbinden.	
↓	Der **Kontrollfluss** gibt alle möglichen Durchgänge durch eine EPK wieder. Der Kontrollfluss kann mittels der Operatoren aufgespaltet werden.	Die Elemente der EPK sollten so angeordnet werden, dass der Kontrollfluss weitgehend von oben nach unten verläuft.
→ ← ↔	Der **Informationsfluss** zeigt den Datenfluss zwischen Informationsobjekt und Funktion auf.	➤ Schreiben ➤ Lesen ➤ Schreiben und Lesen

2.2 Beispiel aus der Auftragsbearbeitung – Variante 1

Die Schöller AG bestellt im Onlineshop der Goslarer Büromöbel AG zehn Bürostühle vom Typ Deluxe. Die folgende EPK (Material 3) stellt den Versuch dar, die Bearbeitung dieses Kundenauftrags in Form eines Geschäftsprozesses zu veranschaulichen.

Vervollständigen Sie unter Berücksichtigung der folgenden Prozessbeschreibung die EPK und korrigieren Sie etwaige Unrichtigkeiten (Tipp: 1 Fehler).

Prozessbeschreibung „Eine Online-Bestellung bearbeiten"

Nach Eingang der Bestellung im Onlineshop prüft der Verkauf im ersten Schritt anhand der Lagerdatei, ob die bestellten Artikel zur Verfügung stehen. Sind die gewünschten Bürostühle im Lager vorrätig, wird der Auftrag per E-Mail bestätigt. Im nächsten Schritt erstellt die Abteilung Lager den Lieferschein (Warenbegleitpapier) und bucht anschließend den Lagerabgang. Nun werden die bestellten Artikel zusammen mit dem Lieferschein versandt. Parallel zur Lieferscheinerstellung erstellt der Verkauf die Rechnung an den Kunden und bucht sie auf dem Konto Forderungen. Dann wird die Rechnung per E-Mail an den Kunden versandt. Die Abteilung Rechnungswesen übernimmt im Anschluss daran die Aufgabe, den Zahlungseingang zu überwachen. Sind die bestellten Artikel nicht lieferbar, wird der Kundenauftrag nicht bestätigt. Dies wird dem Kunden durch den Verkauf per E-Mail mit Hinweis auf einen späteren Liefertermin mitgeteilt.

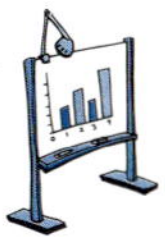

Material 3: EPK-Entwurf „Online-Bestellung bearbeiten"

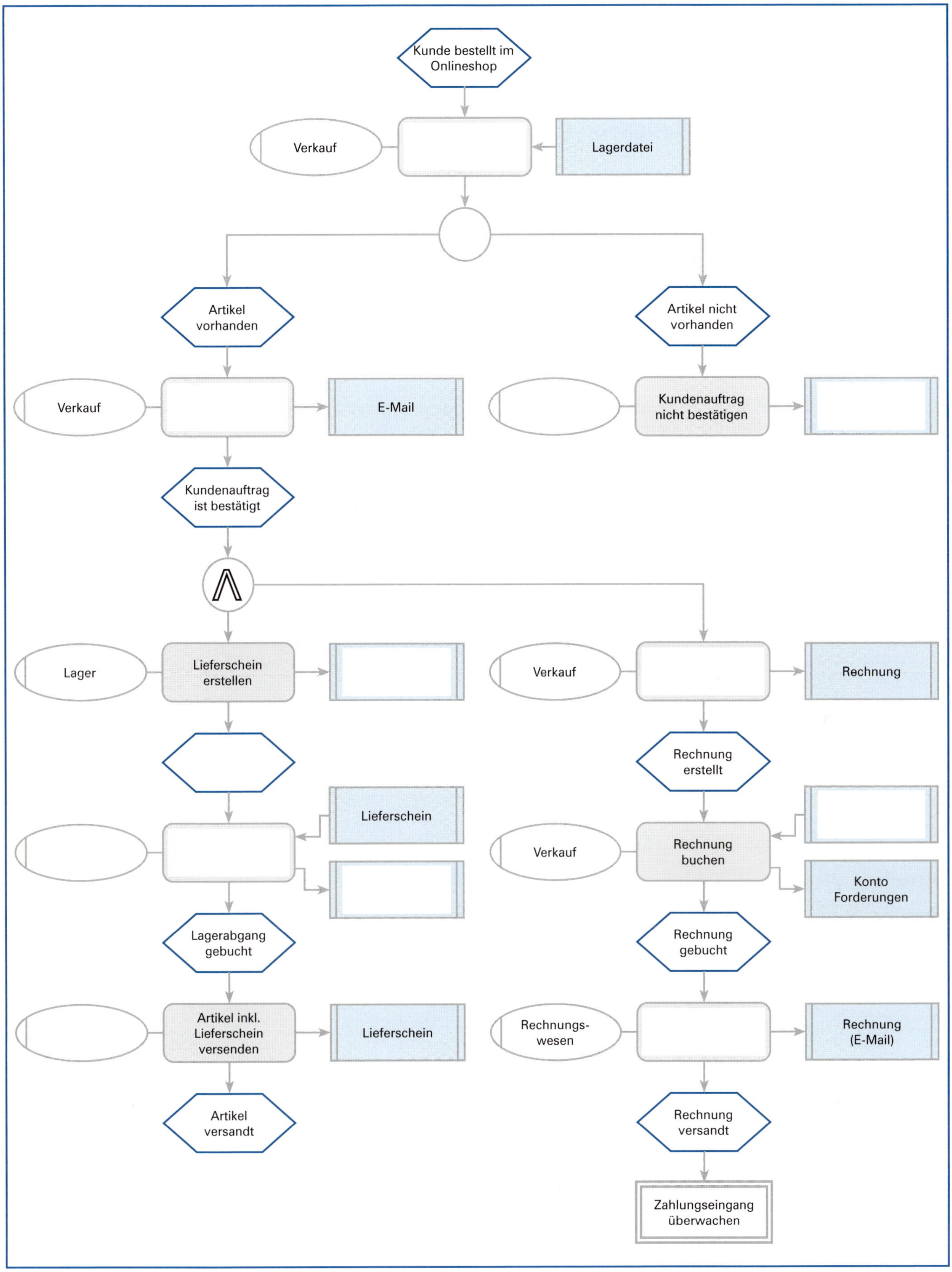

2.3 **Beispiel aus der Auftragsbearbeitung – Variante 2**

Im vorangegangenen Geschäftsprozess wird die Rechnung getrennt von der Ware per E-Mail verschickt. Denkbar wäre es auch, dass die Rechnung der Lieferung beigelegt wird. Ergänzen Sie in der folgenden Vorlage (Material 4) zunächst Ihre Arbeitsergebnisse aus 2.2. Führen Sie in der Vorlage dann den Prozess so fort, dass die Rechnung der Lieferung beigelegt wird.

Material 4: EPK-Entwurf „Online-Bestellungen bearbeiten" (Ausschnitt)

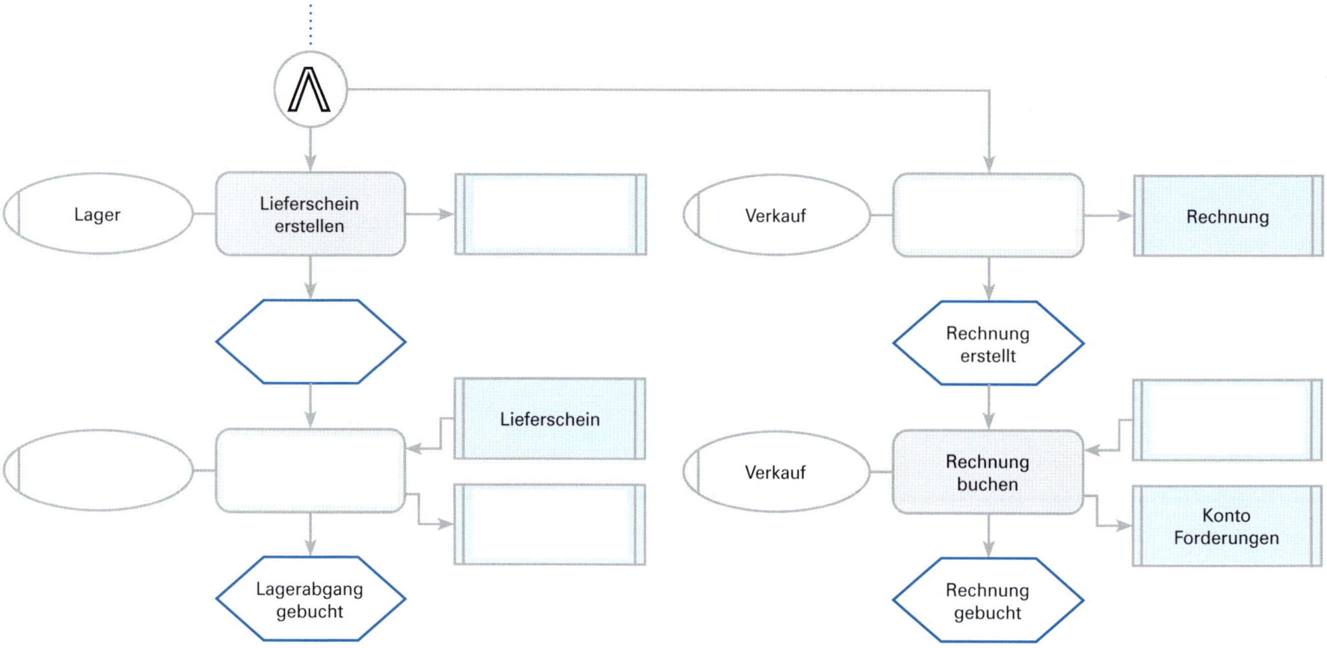

2.4 Beispiel aus der Materialwirtschaft

Die Goslarer Büromöbel AG benötigt zur Produktion ihrer Büromöbel große Mengen an Material, wie z. B. Holzplatten, Holzlack, Schrauben, Muttern und andere Kleinteile. Bevor die bei den Lieferanten bestellten Materialien eingelagert werden können, müssen sie auf Mängel überprüft werden (Teilprozess „Eingangskontrolle"). Sind die Materialien mängelfrei, können sie eingelagert werden (Teilprozess „Material einlagern"). Beide Teilprozesse sind Aufgabe der Lagerabteilung.

Erstellen Sie eine EPK, die den Einlagerungsprozess der für die Produktion benötigten Materialien darstellt. Nutzen Sie hierzu die folgende Prozessbeschreibung und die Vorlage (Material 5).

Prozessbeschreibung „Material einlagern"

Im ersten Schritt ist der Materialzugang mithilfe des bei der Eingangskontrolle erstellten Materialeingangsscheins in der Lagerdatei zu buchen. Ist dies geschehen, muss mithilfe der Lagerplatzdatei[1] der entsprechende Lagerplatz (LP) zugeordnet werden. Wurde das Material noch nie bestellt, ist ein geeigneter Lagerplatz zu vergeben. Anschließend wird das Material zum Lagerplatz transportiert und eingelagert.

Platz für konzeptionelle Vorarbeiten:

1 Bei der Goslarer Büromöbel AG werden die Materialien gemäß dem Festplatzsystem gelagert, d. h., jedes Material hat einen festen Lagerplatz.

Material 5: Vorlage für den Entwurf der EPK „Material einlagern“

Schulbuch S. 64–69

5 Ein Einzelunternehmen gründen – Teil 1

Situation:

Daniel Grube, gelernter Industriekaufmann, beabsichtigt, sich mit der Produktion und dem Vertrieb von modernen Büromöbeln selbstständig zu machen. Aus diesem Grund hat er einen Termin mit Frau Hirsch, der Existenzgründungsberaterin bei der IHK Goslar, vereinbart.

Frau Hirsch: Guten Morgen, Herr Grube. Nehmen Sie Platz. Den Businessplan, den Sie mir letzte Woche per E-Mail haben zukommen lassen, bin ich gründlich durchgegangen. Sowohl die Geschäftsidee als auch Ihre Vorstellungen zur Umsetzung haben mir gut gefallen. Ich denke, Ihr Konzept ist tragfähig. Natürlich muss noch einiges geklärt werden. Haben Sie schon mit Ihrer Bank gesprochen?

Herr Grube: Nein, ich wollte zunächst Ihre Meinung hören. Ich habe aber für nächste Woche einen Termin vereinbart.

Frau Hirsch: Das ist gut. Die nächste Frage, die sich nun stellt, ist, ob Sie sich ins Handelsregister eintragen lassen möchten.

Herr Grube: Muss sich nicht jeder Kaufmann ins Handelsregister eintragen lassen?

Frau Hirsch: Nicht unbedingt. Das hängt von verschiedenen Faktoren ab. Schauen wir uns doch mal Ihren Businessplan an.

Arbeitsaufträge:

1. Beurteilen Sie die Geschäftsidee von Daniel Grube, sich mit der Produktion und dem Vertrieb von hochwertigen und modernen Büromöbeln selbstständig zu machen.

Was spricht für die Geschäftsidee?	
Was spricht gegen die Geschäftsidee?	

2. Führen Sie jeweils vier Voraussetzungen an, die Ihrer Auffassung nach gegeben sein müssen bzw. hilfreich sind, um sich selbstständig machen zu können. Unterteilen Sie Ihre Ideen in persönliche und fachliche Voraussetzungen.

Voraussetzungen, um sich selbstständig zu machen	
persönliche	**fachliche**

3. Nennen Sie Chancen und Risiken, die eine Selbstständigkeit mit sich bringen kann.

Chancen	**Risiken**

4. Auf S. 34 finden Sie einen Auszug aus dem Businessplan von Daniel Grube (Material 1). Führen Sie an, welche weiteren Informationen ein ausführlicher Businessplan enthalten sollte. Ausführliche Informationen erhalten Sie auch unter *www.start2grow.de* und *www.existenzgruender.de*.

Businessplan – Was sollte er noch enthalten?	

5. Ein Unternehmen zu gründen, kostet Geld. Nennen Sie vier Möglichkeiten, wie sich das nötige Startkapital beschaffen lässt.

- ➤ ____________________
- ➤ ____________________
- ➤ ____________________
- ➤ ____________________

6. Daniel Grube muss im Zuge der Existenzgründung klären, ob er sich als Kaufmann ins Handelsregister eintragen lassen muss.

   6.1 Verschaffen Sie sich zunächst einen Überblick über die verschiedenen Kaufmannsformen und vervollständigen Sie die entsprechende Übersicht (Material 2).

   6.2 Geben Sie an, ob sich Daniel Grube gemäß Businessplan (Material 1) als Kaufmann ins Handelsregister eintragen lassen muss. Zutreffendes bitte ankreuzen.

ja	
nein	

   6.3 Nennen Sie die Form des Kaufmanns, die bei Daniel Grube vorliegt.

Kaufmannsform	

7. Prüfen Sie, ob folgende Personen als Kaufleute gemäß HGB gelten.

   ① = Kaufmann nach HGB

   ② = kein Kaufmann nach HGB

Frau Gerber, Einkaufssachbearbeiterin bei der Weber Computer KG, vermittelt im privaten Kreis einen Gebrauchtwagen und erhält dafür eine kleine Provision.	
Die Fährmann OHG vertreibt Elektroartikel in Deutschland und in den angrenzenden Beneluxländern Niederlande und Belgien.	
Der Kreisligist Viktoria Buchholz e. V. verkauft an den Spieltagen Fanartikel.	
Die BüroTec GmbH, 150 Mitarbeiter, vertreibt moderne Büromöbel in ganz Deutschland.	
Frau Schneider hat vor einer Woche erfolgreich ihre Prüfung zur Kauffrau für Büromanagement abgelegt.	
Herr Reimers ist seit vielen Jahren als Rechtsanwalt in Braunschweig tätig.	

8. Herr Solino betreibt eine kleine Stehpizzeria in Stade. Er hat einen Tagesumsatz von ca. 600,00 EUR. Die Zutaten bezieht Herr Solino über einen Großhändler. Die Getränke kauft er im nahe gelegenen Getränkemarkt. Beantworten Sie hierzu die nachfolgenden Fragen.

Ist Herr Solino Kaufmann nach § 1 HGB?	☐ ja ☐ nein
Ist er verpflichtet, sein Unternehmen ins Handelsregister eintragen zu lassen?	☐ ja ☐ nein
Um welche Form des Kaufmanns handelt es sich bei Herrn Solino?	☐ Istkaufmann ☐ Formkaufmann ☐ Kannkaufmann

9. Prüfen Sie, ob folgende Personen als Kaufleute gemäß HGB gelten und um welche Form von Kaufmann es sich gegebenenfalls handelt.

① = Istkaufmann ③ = Kannkaufmann

② = Formkaufmann ④ = kein Kaufmann

EA Computerspiele AG	
Zahnärzte Dr. Behle & Dr. Gaus	
Baumann & Hansen betreiben eine Computerservice OHG mit 4. Mio. EUR Umsatz im Jahr.	
Wiggermann Baumarkt GmbH	
Rechtsanwalt Ralf Binder	
Frau Hansen betreibt in Düsseldorf ein Grand Hotel mit 100 Zimmern und 120 Mitarbeitern.	
Herr Dachser bewirtschaftet mithilfe seiner zwei Söhne und 30 Mitarbeiter einen sehr großen landwirtschaftlichen Betrieb in Ostfriesland.	
Gerd Goschnick betreibt mit seinem Partner Harald Berger und 60 Mitarbeitern ein Großkino mit 30 Kinosälen in Essen.	

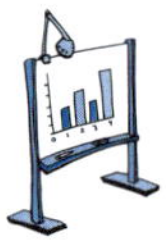

Material 1: Auszug aus dem Businessplan von Daniel Grube

Businessplan von Daniel Grube (Kurzform)

Gründer: Daniel Grube

Qualifikationen: Ausbildung zum Industriekaufmann, mehrjährige Erfahrungen in der Büromöbelbranche

Stärken: Kreativität, gutes Zahlenverständnis, logisches Denken

Schwächen: keine technischen Kenntnisse

Geschäftsidee: Produktion und Vertrieb von modernen Büromöbeln

Verkaufsargument: Design und Ergonomie

Produktion: Fertigung in Deutschland (eine Fertigungshalle und eine Lagerhalle mit insgesamt ca. 250 m^2 stehen zur Verfügung)

Personalbedarf: 50 ausgebildete Fachkräfte im Betrieb und in der Verwaltung

Umsatzprognose: 2 000 000,00 EUR

Gewinnprognose: 90 000,00 EUR

Material 2: Übersicht Kaufmannsformen

Kaufmannsformen

________	________	________
➤ Gewerbetreibende, deren Unternehmen eine ________ Einrichtung erforderlich macht. ➤ Er ________ sich ins Handelsregister eintragen lassen. ➤ Der Handelsregistereintrag hat ________ Wirkung.	➤ Kleinbetriebe ________ sich ins Handelsregister eintragen lassen, ________ es aber nicht, daher werden sie als ________ ________ bezeichnet. ➤ Gleiches gilt für ________ ________ Betriebe, wenn diese einen kaufmännischen Geschäftsbetrieb benötigen. ➤ Wenn der Handelsregistereintrag erfolgt, hat er ________ Wirkung.	➤ Kapitalgesellschaften, wie die ________ ________ und die ________ sind Kaufleute kraft ________ ________. ➤ Sie ________ sich ins Handelsregister eintragen lassen. ➤ Der Handelsregistereintrag hat ________ Wirkung.
Kaufmann nach HGB	**(bei Eintrag)** ________	**Kaufmann nach HGB**

Schulbuch S. 69–77

6 Ein Einzelunternehmen gründen - Teil 2

Situation:

Der Termin bei der Bank ist gut verlaufen. Der Businessplan, den Daniel Grube vorgelegt hat, wurde positiv bewertet. Daher ist die benötigte Kreditsumme bewilligt worden. Und auch Daniel Grube ist sich seiner Sache sicher: Er will Unternehmer werden. Aus diesem Grund vereinbart er einen Termin mit dem Notar Fabian Rohde.

Herr Grube: Guten Morgen, Herr Rohde. Wir haben mein Anliegen ja schon telefonisch besprochen. Wie geht es jetzt weiter?

Herr Rohde: Nun, ich habe alle benötigten Informationen zusammen. Ich möchte Sie nun bitten, den Antrag für den Eintrag ins Handelsregister zu unterschreiben. Anschließend werde ich Ihre Unterschrift öffentlich beglaubigen und das Dokument bei der zuständigen Stelle einreichen.

Herr Grube: Dann kann es ja losgehen.

Herr Rohde: Noch nicht ganz ...

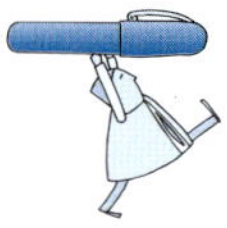

Arbeitsaufträge:

1. Geben Sie an, bei welchen drei öffentlichen Stellen Daniel Grube sein Unternehmen anmelden muss und erläutern Sie die Anmeldung.

Nr.	Öffentliche Stellen	Erläuterung
1		
2		
3		

2. Herr Rohde hat den von Daniel Grube unterschriebenen Antrag für den Handelsregistereintrag an das zuständige Amtsgericht geschickt. Informieren Sie sich über Sinn und Zweck des Handelsregisters und vervollständigen Sie die entsprechende Übersicht (Material 1).

3. Daniel Grube beabsichtigt, ein Einzelunternehmen zu gründen. Informieren Sie sich über die Merkmale dieser Rechtsform, indem Sie den Lückentext (Material 2) bearbeiten.

4. Daniel Grube hat sich als Kaufmann in das Handelsregister eintragen lassen. Kreuzen Sie an, welche Firmenbezeichnungen zulässig sind.

Daniel Grube Büromöbel e. K.		Grube Büromöbel OHG		DG Büromöbel e. K.	
BüroTec e. K.		DG Büromöbelfertigung e. K.		DG Bürodesign KG	

5. Entscheiden Sie, welche Firmenart in folgenden Fällen vorliegt. Tragen Sie die entsprechende Ziffer in die Kästchen ein.

① = Personenfirma ② = Sachfirma ③ = Fantasiefirma ④ = Mischfirma

WIBO Computerspiele OHG		Kramer KG		Weber Metallbau GmbH	
Jan Schröder e. K.		CLEAN-TEC OHG		Sport-Burr Sportartikel KG	
KaBeWe GmbH		KBC Stateboard AG			

6. Prüfen Sie, ob in folgenden Fällen der geplante Name des Unternehmens den Firmengrundsätzen entspricht.

   6.1 Bernd Maurer möchte deutschlandweit Bohrmaschinen verkaufen und sein Unternehmen „Maurer Internationale Maschinenfabrik GmbH" nennen.

   ____

   ____

   6.2 Heike Gerland möchte in Oldenburg eine Firma mit der Bezeichnung „Heike Gerland e. Kfr." gründen, obwohl bereits eine gleichnamige Firma in Oldenburg besteht.

   ____

   ____

Material 1: Übersicht Handelsregister

Handelsregister

Welche Informationen enthält der Handelsregisterauszug?

- ______________________________
- ______________________________
- ______________________________
- ______________________________
- ______________________________
- ______________________________
- ______________________________

__________, öffentliches, __________ geführtes Verzeichnis aller __________

Abteilung _____

- ______________________________
- ______________________________
- ______________________________

Abteilung _____

- ______________________________
- ______________________________

Sonstiges

- Zur Anmeldung ist eine notarielle __________ __________ nötig.
- Alle erforderlichen Unterlagen sind __________ einzureichen.
- Interessierte können in das Handelsregister __________ nehmen.

Material 2: Lückentext

Das Einzelunternehmen

Die häufigste Rechtsform bei einer Unternehmensgründung ist das Einzelunternehmen. Für die Gründung eines Einzelunternehmens bestehen keine gesetzlichen ____________________. Wenn man ein Gewerbe anmeldet und keine andere Rechtsform wählt, gründet man automatisch ein ____________________. Über die Höhe des aufzubringenden Eigenkapitals gibt es keine gesetzliche ______________. Ein Einzelunternehmer, dessen Gewerbebetrieb einen nach Art und Umfang kaufmännisch eingerichteten Geschäftsbetrieb erfordert, ist gemäß § 1 HGB ____________________. Der Eintrag ins ____________________, Abteilung _____ ist zwingend vorgeschrieben. Er hat jedoch nur ____________________ Wirkung. Kleinbetriebe können sich überlegen, ob sie sich ins Handelsregister ______________ lassen wollen oder nicht. Die ____________ des Einzelunternehmers besteht i.d.R. aus dem ____________________ des Einzelunternehmers und muss die Bezeichnung ____________________, abgekürzt _______, enthalten. Der Einzelunternehmer führt die ____________ des Unternehmens und trifft ______ Anordnungen allein, ohne _________ anhören zu müssen. Wenn etwas schief läuft, haftet er für alle Schulden mit seinem ______________________________. Man spricht in dem Zusammenhang von ____________________ und unmittelbarer Haftung. Da der Einzelunternehmer das Unternehmerrisiko allein trägt, hat er zum Ausgleich das Recht auf den gesamten ____________. Selbstverständlich hat er im Gegenzug auch den gesamten ____________ zu tragen. Die Kreditwürdigkeit hängt sehr stark von der ______________ des Einzelunternehmers ab. Aufgrund der eher ______________ Gewinne und des häufig nicht sehr _________ Geschäfts- und Privatvermögens sind die Möglichkeiten, von den Banken hohe und langfristige _________ zu erhalten, allerdings nicht sehr _______.

Füllwörter					
1	Verlust	9	eingetragener Kaufmann	17	Geschäfte
2	Kredite	10	Geschäfts- und Privatvermögen	18	Handelsregister
3	niedrigen	11	Istkaufmann	19	hoch
4	großen	12	unbeschränkter	20	Gewinn
5	Firma	13	andere	21	Persönlichkeit
6	Vorschrift	14	Formvorschriften	22	Einzelunternehmen
7	e.K.	15	deklaratorische	23	Vor- und Zunamen
8	alle	16	eintragen	24	A

Schulbuch S. 80–91

7 Ein Einzelunternehmen in eine Personengesellschaft umwandeln

Situation:

Daniel Grube ist seit drei Jahren mit seiner kleinen Möbelfabrik, der DG Möbelfabrik e. K., in der Büromöbelbranche tätig. An einem Samstag im August trifft er sich mit Karin Brand, einer ehemaligen Arbeitskollegin, auf einen Kaffee in der Goslarer Innenstadt.

Daniel Grube: Hallo, Karin. Wir haben uns ja lange nicht mehr gesehen. Wie geht es dir?

Karin Brand: Na ja, wie es eben so geht. Und du? Wie läuft dein Unternehmen?

Daniel Grube: Die Geschäfte laufen nicht schlecht. Aber als kleines Unternehmen muss man sich ganz schön strecken, um mit den größeren mitzuhalten. Die können einfach viel mehr investieren.

Karin Brand: Wie meinst du das?

Daniel Grube: Ganz wichtig ist z. B. die Fertigungsqualität. Aber die hängt entscheidend von den Fertigungsmaschinen ab – und die sind wahnsinnig teuer.

Karin Brand: Was ist denn mit den Banken?

Daniel Grube: Für kleine Einzelunternehmer wie mich ist es immer sehr schwierig, an größere Kredite zu kommen. Außerdem sind die Zinsen derzeit sehr hoch.

Karin Brand: Wie viel Geld brauchst du denn?

Daniel Grube: Eine knappe Million Euro sollte es schon sein.

Karin Brand: Eine ganz schöne Summe.

Daniel Grube: Das kann man wohl sagen.

Karin Brand: Hört sich so an, als würdest du dir richtig Sorgen machen.

Daniel Grube: Etwas anders habe ich mir das Ganze schon vorgestellt. Es ist ja nicht nur das Geld. Ich arbeite von früh bis spät und trotzdem bleibt immer vieles liegen. Manches liegt mir auch einfach nicht. Ich bin zwar ein guter Kostenrechner und habe auch viele Ideen, aber gerade der Verkauf ist überhaupt nicht mein Ding. Und ganz ehrlich: Von der Technik verstehe ich auch nicht viel.

Karin Brand: Aber du hast doch deine Mitarbeiter.

Daniel Grube: Schon. Ich kann mich auch nicht beklagen. Aber die sind eben nicht mit dem Unternehmen verheiratet und absolute Top-Leute kann ich auch nicht bezahlen.

Karin Brand: Ich glaube, ich habe da eine Idee.

Arbeitsaufträge:

1. Erläutern Sie, welche Probleme Daniel Grube zu schaffen machen.

___

___

___

2. Entwickeln Sie zwei Vorschläge, die Karin Brand Daniel Grube unterbreiten könnte, und beschreiben Sie jeweils, welcher Nachteil damit für Daniel Grube einhergehen würde.

Vorschlag	Nachteil

3. Daniel Grube und Karin Brand haben sich entschieden, eine Gesellschaft zu gründen. Als dritten Gesellschafter wollen sie Klaus Meier mit ins Boot holen, der bei ihrem alten Unternehmen die Fertigungsabteilung geleitet hat. Alle drei wollen sich nicht nur mit ihrem Kapital am neuen Unternehmen beteiligen, sondern aktiv die Geschicke des Unternehmens lenken. Bei ihrer Suche nach einer geeigneten Gesellschaftsform für ihr Unternehmen stoßen sie auf die **Rechtsformen der offenen Handelsgesellschaft und der Kommanditgesellschaft.**

   Informieren Sie sich über die beiden Rechtsformen und erstellen Sie zwei Übersichten (Material 1 und 2), die die charakteristischen Merkmale der beiden Rechtsformen enthalten.

4. Begründen Sie, welche Rechtsform für die drei Jungunternehmer die geeignete ist.

___

___

___

5. Nennen Sie zwei sinnvolle Bezeichnungen für das neu zu gründende Unternehmen.

Firma 1	
Firma 2	

Material 1: Übersicht zur OHG

Offene Handelsgesellschaft (OHG)

Gründung

- Es müssen mindestens ________ Personen sein.
- Der Gesellschaftsvertrag kann ______________ abgeschlossen werden, sinnvoller ist aber die ________________.
- Die OHG muss ins ________________________ Abteilung A mit ____________________ (rechtsbekundender) Wirkung eingetragen werden.

Firma

- Die Firma muss die Bezeichnung ______________________________ oder die Abkürzung ____________ enthalten.
- Die Firmengrundsätze sind zu ___________________________.

Mindestkapital

- Es ist ______________________ Mindestkapital vorgeschrieben.

Geschäftsführung

- Alle ____________________ sind zur Geschäftsführung __________ und auch __________.
- Per __________________ kann die Geschäftsführung auch ________ oder ______________ Gesellschaftern übertragen werden.

Haftung

- Jeder Gesellschafter haftet für die Verbindlichkeiten des Unternehmens mit seinem Geschäfts- und ______________________.
- Man spricht von einer ____________, unmittelbaren und ________________ Haftung.

Gewinn- und Verlustverteilung

- Grundsätzlich richtet sich die Gewinn- und Verlustverteilung nach den ________ ________________________ im Gesellschaftsvertrag.
- Möglichkeit 1: Verteilung gemäß der vereinbarten ________________________.
- Möglichkeit 2: Verteilung gemäß der vereinbarten ________________________.
- Möglichkeit 3: Verteilung gemäß ________________________.

Material 2: Übersicht zur KG

Kommanditgesellschaft (KG)

Gründung

- Es müssen mindestens ______ Gesellschafter sein, von denen mindestens einer ______________, d. h. ______________ haftet und mindestens einer beschränkt __________.
- Der persönlich haftende Gesellschafter heißt ______________, der beschränkt haftende ______________.
- Der Gesellschaftsvertrag kann ______________ abgeschlossen werden, sinnvollerweise ist aber die ______________.
- Die KG muss ins ______________, Abteilung A mit ______________ (rechtsbekundender) Wirkung eingetragen werden.

Firma

- Die Firma muss die Bezeichnung ______________ oder die Abkürzung ______ enthalten.
- Die Firmengrundsätze sind zu ______________.

Mindestkapital

- Über die Höhe des aufzubringenden Mindestkapitals gibt es formal __________ gesetzliche Vorschrift.

Geschäftsführung

- Die ______________ führen die Geschäfte.
- Die ______________ sind von der Geschäftsführung ______________.
- Bei außergewöhnlichen Geschäften ist ein ________ aller Gesellschafter nötig.

Haftung

- Jeder Komplementär haftet für die ______________ der KG unbeschränkt, unmittelbar und __________ mit seinem Geschäfts- und ______________.
- Bei __________ ist die Haftung auf die ______________ beschränkt.

Gewinn- und Verlustverteilung

- Grundsätzlich richtet sich die Gewinn- und Verlustverteilung nach den ______ ______________ im Gesellschaftsvertrag.
- Möglichkeit 1: Verteilung gemäß der vereinbarten ______________.
- Möglichkeit 2: Verteilung gemäß der vereinbarten ______________.
- Möglichkeit 3: Verteilung gemäß ______________.

Fortsetzung der Situation:

Um Rabatt auszunutzen, bestellt Karin Brand, Gesellschafterin der mittlerweile gegründeten GBM Büromöbel OHG, den gesamten Jahresbedarf an Holzplatten bei der Holz Becker KG. Wert: 120000,00 EUR. Am Morgen des 08.02.20.. werden die Holzplatten angeliefert. Kurze Zeit später betritt Daniel Grube, Mitgesellschafter der GBM Büromöbel OHG, aufgebracht das Büro von Karin Brand.

Daniel Grube: Also wirklich, Karin. Das kannst du doch nicht einfach machen.

Karin Brand: Was meinst du, Daniel?

Daniel Grube: Ich meine natürlich die Ladung Holzplatten, die gerade angeliefert wurden.

Karin Brand: Aufgrund der guten Auftragslage war diese Investition unumgänglich. Wir werden dieses Jahr viel mehr Schreibtische verkaufen können.

Daniel Grube: Schön und gut, aber warum denn alle auf einmal? Denk doch mal an die hohen Lagerkosten, vom Platzproblem ganz zu schweigen.

Karin Brand: Nun ja, ich wollte den Rabatt ausnutzen.

Daniel Grube: Das mag ja sein, aber diese Entscheidung hättest du nicht alleine treffen dürfen. Ich möchte, dass du die Holzplatten wieder abholen lässt.

6. Beurteilen Sie die Rechtslage im obigen Fall. Annahme: Sowohl im Innenverhältnis als auch im Außenverhältnis gelten die Regelungen des HGB.

1	Durfte die Gesellschafterin Karin Brand die Holzplatten bei der Holz Becker KG einkaufen?	☐ ja, da gewöhnliches Geschäft ☐ nein, da außergewöhnliches Geschäft
2	Ist der Kaufvertrag mit der Holz Becker KG rechtswirksam zustande gekommen?	☐ ja ☐ nein

7. Im Gesellschaftsvertrag können auch Regelungen getroffen werden, die vom HGB abweichen. Beurteilen Sie den Fall, wenn im Gesellschaftsvertrag im Innenverhältnis für alle Geschäfte Gesamtgeschäftsführungsbefugnis vereinbart worden wäre und für das Außenverhältnis die Regelungen des HGB gelten sollen.

1	Durfte die Gesellschafterin Karin Brand die Holzplatten bei der Holz Becker KG einkaufen?	☐ ja ☐ nein	**Begründung:**
2	Ist der Kaufvertrag mit der Holz Becker KG rechtswirksam zustande gekommen?	☐ ja ☐ nein	**Begründung:**

8. Karin Brand ist froh, für ein ungenutztes Grundstück einen Abnehmer gefunden zu haben. Der Logistikdienstleister Steinmann e.K. hat den notariell beurkundeten Kaufvertrag gestern unterschrieben. Klaus Meier ist wie vor den Kopf geschlagen. Schon lange denkt er über eine weitere Fertigungshalle nach, für die das Grundstück zwingend nötig ist. Laut Gesellschaftsvertrag gelten die gesetzlichen HGB-Regelungen bezüglich Geschäftsführung und Vertretung.

1	Durfte Karin Brand das ungenutzte Grundstück verkaufen?	☐ ja ☐ nein	**Begründung:**
2	Kann die GBM Büromöbel OHG vom Kaufvertrag mit dem Logistikdienstleister Steinmann e.K. zurücktreten?	☐ ja ☐ nein	**Begründung:**

9. **Übungsaufgaben zur Gewinnverteilung**

9.1 Nehmen Sie an, Daniel Grube, Karin Brand und Klaus Meier hätten die GBM Büromöbel OHG gegründet. Im ersten Geschäftsjahr hat die Gesellschaft einen Gewinn von 160 000,00 EUR erzielt. Der Gewinn soll gemäß der Beteiligungsverhältnisse verteilt werden.

Gesellschafter	Beteiligungsverhältnis	Gewinnanteil
D. Grube	50 %	
K. Brand	30 %	
K. Meier	20 %	
Gesamt	100 %	

9.2 Zeynep Durmus, Justin Kreuz und Klara Klos haben die DKK Büroartikel OHG gegründet. Im Gesellschaftsvertrag sind Werte ihrer jeweiligen Beiträge festgelegt worden. Im ersten Jahr wurde ein Gewinn von 220 000,00 EUR erzielt. Dieser soll gemäß der Beitragswerte verteilt werden.

Gesellschafter	Werte der Beiträge (Kapitaleinlagen)	Beitragsquote	Gewinnanteil
Z. Durmus	120 000,00 EUR		
J. Kreuz	192 000,00 EUR		
K. Klos	168 000,00 EUR		
Gesamt	480 000,00 EUR		

9.3 Mike Tanner, Berkay Toprak, Frauke Stroh und Luisa Holzer haben die TTSH Computertechnik OHG gegründet. Im Gesellschaftsvertrag sind hinsichtlich der Beteiligungsverhältnisse oder der Beitragswerte keine Vereinbarungen getroffen worden. Im ersten Geschäftsjahr hat das Unternehmen einen Gewinn von 160 000,00 EUR erzielt. Verteilen Sie den Gewinn.

- M. Tanner: ____________ EUR Gewinnanteil (Kopfquote: ______ %)
- B. Toprak: ____________ EUR Gewinnanteil (Kopfquote: ______ %)
- F. Stroh: ____________ EUR Gewinnanteil (Kopfquote: ______ %)
- L. Holzer: ____________ EUR Gewinnanteil (Kopfquote: ______ %)

8 Eine Personengesellschaft in eine Kapitalgesellschaft umwandeln

Schulbuch S. 93–111

Situation:

Die GBM Büromöbel OHG ist mittlerweile seit vielen Jahren recht erfolgreich in der Büromöbelbranche tätig. Um jedoch auch weiterhin im harten Wettbewerb bestehen zu können, sind Investitionen in Millionenhöhe nötig. Insbesondere die Fertigungsanlagen sowie die hausinternen DV-Systeme sind dringend modernisierungsbedürftig. Weitere Bankkredite kommen aufgrund der hohen Summe nicht infrage. Zudem gehen die drei Gesellschafter Daniel Grube, Karin Brand und Klaus Meier mittlerweile auf die sechzig zu und möchten sich langsam, aber sicher aus dem Alltagsgeschäft zurückziehen. Herr Berger von der Unternehmensberatung Berger & Partner schlägt vor, das Unternehmen in eine GmbH oder eine AG umzuwandeln.

Arbeitsaufträge:

1. Informieren Sie sich über die beiden Kapitalgesellschaften **GmbH und AG** und vervollständigen Sie die beiden Übersichten (Material 1 und Material 2).

2. Begründen Sie, welche Kapitalgesellschaft Sie den drei Gesellschaftern empfehlen würden.

Empfehlung	Begründung

3. Unterbreiten Sie einen Vorschlag, welche Firma für das neue Unternehmen denkbar ist.

Firma	

4. 4.1 Sebastian Wenz und Maike Holm wollen eine GmbH gründen, deren Zweck die Herstellung und der Vertrieb von Computern ist. Kreuzen Sie an, welche Firmennamen korrekt sind.

Mögliche Firma			
Wenz & Holm GmbH		Holm Computertechnik	
W & H Computer		CPM GmbH	

4.2 Nennen Sie die Abteilung des Handelsregisters, in die die GmbH von Sebastian Wenz und Maike Holm einzutragen ist.

Abteilung	

4.3 Sebastian Wenz und Maike Holm sind in der Lage, Stammeinlagen in Höhe von 32 000,00 EUR bzw. 48 000,00 EUR zu leisten. Überprüfen Sie, ob das Stammkapital ausreicht, um eine GmbH zu gründen.

____

____

4.4 Die beiden Gesellschafter wollen Simone Müller, Diplom-Betriebswirtin mit mehrjähriger Berufserfahrung, als Geschäftsführerin einstellen. Begründen Sie, ob dies in einer GmbH zulässig ist.

4.5 Um alle Aufgaben erledigen zu können, werden in der neu gegründeten WH Computertechnik GmbH 30 Mitarbeiter benötigt. Prüfen Sie, ob ein Aufsichtsrat gewählt werden muss.

4.6 Der von der WH Computertechnik GmbH erwirtschaftete Gewinn im ersten Geschäftsjahr betrug 120 000,00 EUR.

Vervollständigen Sie die nachfolgende Tabelle unter Berücksichtigung der gesetzlichen Regelungen.

Gesellschafter	Stammeinlage	Geschäftsanteil in %	Gewinnanteil
Sebastian Wenz	32 000,00 EUR		
Maike Holm	48 000,00 EUR		
Gesamt	80 000,00 EUR		

4.7 Nehmen Sie an, Sebastian Wenz und Maike Holm hätten sich dazu entschieden, eine AG zu gründen. Das von den beiden eingebrachte Grundkapital (32 000,00 EUR von Herrn Wenz und 48 000,00 EUR von Frau Holm) soll in Aktien mit einem Nennwert von 10,00 EUR verbrieft werden. Berechnen Sie, wie viele Aktien die beiden erhalten.

Sebastian Wenz		Maike Holm	

4.8 Als Sebastian Wenz Maike Holm mitteilt, dass in einer AG ein Aufsichtsrat gewählt werden muss, erwidert diese: „Das ist nicht richtig, Sebastian. Wir beschäftigen doch nur 40 Mitarbeiter." Beurteilen Sie, ob Maike Holm recht hat.

5. Ordnen Sie zu, welches Organ in einer AG bzw. GmbH welche Aufgaben hat.

① = Vorstand/Geschäftsführung
② = Hauptversammlung/Gesellschafterversammlung
③ = Aufsichtsrat

A	Beschließt über die Verwendung des Gewinns.	
B	Führt die Geschäfte des Unternehmens.	
C	Wählt den Aufsichtsrat.	
D	Überwacht den Vorstand bzw. die Geschäftsführung.	
E	Unterrichtet den Aufsichtsrat über die Geschäftslage.	
F	Prüft den Jahresabschluss.	

Material 1: Die Gesellschaft mit beschränkter Haftung (GmbH)

Gesellschaft mit beschränkter Haftung (GmbH)

Gründung

- Sie kann durch ________ oder ________________ Personen errichtet werden.
- Es ist ein notariell ____________________ Gesellschaftsvertrag (_________________) erforderlich.
- Sie muss mit ___________________ Wirkung ins ______________________ eingetragen werden.

Firma

- Die Firma muss die Bezeichnung ______________________ ___________________________ oder die Abkürzung ___________ enthalten.

Organe

A: ___________________________________

- Sie __________ die GmbH (Geschäftsführungsrecht).
- Sie vertreten die GmbH nach _______________ (Vertretungsbefugnis).

B: ___________________________________

- Sie ist das ________________ Organ.
- Die Geschäftsführer müssen die Weisungen der Gesellschafterversammlung _________________.
- Hier nehmen die Gesellschafter ihre _______________ wahr.
- Jeder Euro des Geschäftsanteils ist eine _______________.
- Beschlussfassungen erfolgen mit der _________________ der abgegebenen Stimmen.

C: ___________________________________

- Er ___________________ die Geschäftsführung.
- Ab ________ Arbeitnehmern muss ein Aufsichtsrat gewählt werden.

Stammkapital

- Muss mindestens ______________________ betragen.

Haftung

- Die GmbH ___________________ für ihre Verbindlichkeiten.
- Die Gesellschafter haften nur mit ihrem ________________________. Dies wird als ______________________ bezeichnet.

Gewinnverteilung

- Die Verteilung des Gewinns erfolgt meist nach dem Verhältnis der _______________ ___________.

Geschäftsführung

- Die GmbH wird von _________________________ geleitet. Dies sind entweder die _______________________ oder andere ______________.

Material 2: Die Aktiengesellschaft (AG)

Aktiengesellschaft (AG)

Organe

A: ______________________________

- Er übernimmt die ______________ ______________ nach innen und die ______________ nach außen.
- Er unterrichtet den ______________ über die Geschäftslage.
- Er erstellt den ______________.
- Er beruft die ordentliche ______________ ein.

B: ______________________________

- Er bestellt den ______________.
- Er prüft den ______________.
- Er beruft die ______________ Hauptversammlung ein.

C: ______________________________

- Sie wählt die ______________ ______________ der Anteilseigner.
- Sie beschließt über ______________ der AG.
- Sie ______________ den Vorstand und die Aufsichtsratsmitglieder.
- Sie beschließt über die Verwendung des ______________.

Firma

- Die Firma muss die Bezeichnung ______________ oder die Abkürzung ______ enthalten.

Gründung

- Die Gründung beginnt mit einer ______________ zu beurkundenden ______________ (= Gesellschaftsvertrag).
- Nun erfolgt die Übernahme aller ______________ durch die ______________.
- Sie kann von ________ oder ______________ Personen gegründet werden.
- Nun erfolgt die Wahl von ______________ und ______________.
- Sie muss mit ______________ Wirkung ins ______________ eingetragen werden.

Haftung

- Die AG haftet mit ihrem Vermögen für ihre ______________.
- Der einzelne Aktionär haftet nur mit dem Wert seiner ______________.

Grundkapital

- Muss mindestens ______________ betragen.

Gewinnverteilung

- Die Aktionäre erhalten eine ______________.

Schulbuch
S. 121–128

9 Ein Angebot erstellen

Situation:

Marcel Kruse ist bei der Goslarer Büromöbel AG als Verkaufssachbearbeiter in der Verkaufsabteilung tätig. Am Morgen des 15.03.20.. liegt folgendes Schreiben auf seinem Schreibtisch:

GB Goslarer Büromöbel AG

Pro Secura AG
Versicherungsgesellschaft

Pro Secura AG | Theresienstraße 30 | 90403 Nürnberg
Goslarer Büromöbel AG
Industriepark 5
38644 Goslar

Ihr Zeichen:	
Ihre Nachricht vom:	
Unser Zeichen:	wo
Unsere Nachricht vom:	
Name:	Werner Wolf
Telefon:	0911 463–45
Telefax:	0911 463-1
E-Mail:	w.wolf@prosecura.de
Datum:	10.03.20..

Anfrage

Sehr geehrte Damen und Herren,

durch die Empfehlung eines unserer Stammkunden sind wir auf Ihr Unternehmen aufmerksam geworden.

Wir sind eine erfolgreiche expandierende Versicherungsgesellschaft mit Stammsitz in Nürnberg.

Für unsere neue Verwaltung in Köln, die am 01.05.20.. bezugsfertig wird, benötigen wir hundertzwanzig hochwertige Bürostühle mit schwarzem Lederbezug, die modernsten ergonomischen Anforderungen entsprechen.

Wir beabsichtigen, in nächster Zeit auch unsere 500 Zweigstellen mit derartigen Stühlen auszustatten, und können Ihnen daher weitere Aufträge in Aussicht stellen, wenn Ihr Produkt unseren Vorstellungen entsprechen sollte.

Bitte unterbreiten Sie uns ein ausführliches Angebot mit allen relevanten Informationen.

Mit freundlichen Grüßen

Pro Secura AG

i.A. Werner Wolf

Werner Wolf

Pro Secura AG | Versicherungsgesellschaft mit Sitz in Nürnberg | Vorstand: Peter Börner, Klaus Brumme
Theresienstraße 30 | 90403 Nürnberg | Fon 0911-463-0 | Fax 0911-463-1
www.prosecura.de | mail@prosecura.de | Sparkasse Nürnberg | IBAN DE78760501010547834842 | BIC SSKNDE77XXX
Amtsgericht Nürnberg HRB 7376 | Steuernummer: 64776544579 | USt-ID-Nr.: DE77437538

Arbeitsaufträge:

Herr Kruse ist für den Geschäftsprozess „Von der Kundenanfrage bis zum Versand“ verantwortlich, d. h., er ist Ansprechpartner für sämtliche Wünsche des Kunden.

1. Nennen Sie die Art der Anfrage, um die es sich im vorliegenden Fall handelt.

2. Der oben genannte Geschäftsprozess vollzieht sich in mehreren Teilschritten, die von Mitarbeitern aus verschiedenen Abteilungen bearbeitet werden. Bringen Sie folgende Tätigkeiten in die richtige Reihenfolge und benennen Sie jeweils die für die Bearbeitung zuständige Abteilung.

Zahlungseingang überwachen	Anfrage entgegennehmen	Rechnung dem Produkt beilegen und versenden	Lagerbestände prüfen	Rechnung erstellen und buchen
Kundenbestellung entgegennehmen	prüfen, ob Angebot und Bestellung übereinstimmen	Angebot erstellen	Zahlungseingang buchen	bestellte Artikel versandfertig machen

Von der Kundenanfrage bis zur Buchung des Zahlungseingangs		
Nr.	**Tätigkeiten**	**Abteilung**
1		
2		
3		
4		
5		
6		
7		
8		
9		
10		

3. Erstellen Sie mithilfe von Material 1 bis Material 3 ein verbindliches Angebot für die Pro Secura AG.

4. Am 24.03.20.. bestellt die Pro Secura AG bei der Goslarer Büromöbel AG 120 Bürostühle zu den im Angebot genannten Konditionen. Berechnen Sie, welchen Betrag die Pro Secura AG unter der Annahme überweisen muss, dass die Bürostühle geliefert werden sollen und die Summe 5 Tage nach Rechnungsdatum beglichen wird.

5. Nennen Sie für die nachfolgenden Fälle die jeweilige Art des Preisnachlasses. Tragen Sie die entsprechende Ziffer ein.

① = Skonto
② = Bonus
③ = Treuerabatt
④ = Personalrabatt
⑤ = Naturalrabatt (Draufgabe)
⑥ = Naturalrabatt (Dreingabe)

Die Mitarbeiter der Sport Burr KG erhalten auf sämtliche Sportartikel einen Rabatt von 10 %.	
Die Kramer GmbH gewährt Kunden, die ihre Rechnungen innerhalb von 14 Tagen nach Rechnungsdatum bezahlen, einen Preisnachlass von 3 %.	
Die Schmidt OHG ist seit vielen Jahren Kunde der Weber Metallbau GmbH und erhält daher auf alle Bestellungen einen Preisnachlass von 2 %.	
Kunden, die im Jahr für mehr als 20 000,00 EUR einkaufen, erhalten am Jahresende eine Gutschrift in Höhe von 2 % vom Bestellwert.	
Stefan Osann e. Kfm. liefert an die Klug AG gemäß Bestellung 100 Pakete Kopierpapier. In Rechnung gestellt werden nur 95 Pakete.	
Die Sport Herz KG bestellt bei der Sport Burr KG 20 Snowboards zum Preis von 2 200,00 EUR. Geliefert werden zum gleichen Preis 22 Snowboards.	

6. In Kaufverträgen muss festgehalten werden, wer die Beförderungskosten tragen soll. Um die Angelegenheit zu vereinfachen, werden häufig Versandklauseln verwendet, die Aufschluss darüber geben, wer – Verkäufer, Käufer oder beide – die Versandkosten tragen soll. Zu den Beförderungskosten zählen insbesondere Rollgeld (für den Vor- und Nachlauf), Fracht, Verlade- und Entladekosten. Berechnen Sie anhand eines exemplarischen Transports von 60 Büroschränken (= eine komplette Lkw-Ladung) von Goslar nach Dresden die anteiligen Versandkosten, die Verkäufer und Käufer bei folgenden Vereinbarungen zu tragen haben:

Vereinbarungen	Verkäufer	Käufer
ab hier		
ab Fabrik		
ab Bahnhof		
frei Bahnhof		
ab Werk		
frei Haus		

Informationen:

Rollgeld (für den Vor- und Nachlauf)	jeweils 150,00 EUR
Frachtkosten	800,00 EUR
Verlade- und Entladegebühren	jeweils 60,00 EUR

Übergabe- und Abnahmekosten fallen **nicht** an.

7. Nehmen Sie an, Sie hätten in der Vergangenheit Schwierigkeiten mit einem Kunden bezüglich dessen Zahlungsmoral gehabt. Stellen Sie dar, welche Zahlungsbedingung sich in diesem Fall anbietet.

Material 1: Auszug aus dem Produktprogramm

Produkt-gruppe	Produkt Art.-Nr.	Produktbeschreibung	Listenverkaufs-preis*
5	Visit A-1400100 A-1400101 A-1400102	Konferenzstuhl; Rahmen pulverbeschichtet; mit Armlehnen; Sitz und Rücken umpolstert; Stoffbezug wahlweise in blau, lichtgrau oder graphit; stapelbar	68,00 EUR
	Meeting A-1401100	Konferenz- und Seminarstuhl verchromt; ohne Armlehnen; Formschale aus massiver Buche; verkettbar und stapelbar; Gleiter; Stoffbezug	88,00 EUR
6	Smile A-1500100	Bürostuhl mit Armlehnen; ergonomischer Muldensitz; Kopfstütze und Rückenlehne verstellbar; Synchronmechanik; Sicherheitsrollen; Stoffbezug	182,00 EUR
	Verdan A-1501100	Bürostuhl mit Ring-Armlehnen; Bandscheibensitz; höhenverstellbare Rückenlehne mit Formschaumpolsterung; Stoffbezug	256,00 EUR
	Tergo A-1502100	Bürostuhl mit verstellbarer Armlehne; verstellbare Sitzhöhenmechanik; ergonomischer Muldensitz; verstellbare Rückenlehne mit Nackenstütze; schwarzer Lederbezug	364,00 EUR

* Alle Preise verstehen sich zuzüglich 19 % Umsatzsteuer (USt).

Material 2: Auszug aus den Allgemeinen Geschäftsbedingungen

Kapitel Geschäftsbedingungen

GB Goslarer Büromöbel AG

Bürostühle

- Rabatt: 10 % Mengenrabatt bei Abnahme von mindestens 50 Stück
- Lieferungsbedingungen:
  - Verpackung: 5,00 EUR je Bürostuhl
  - Beförderung: Lieferung ab Werk

    Hier stehen zwei Alternativen zur Auswahl:
    1. Der Kunde holt die Ware selber ab
    2. Wir organisieren den Transport
       Kosten für den Käufer 2 % vom Auftragswert (Listenverkaufspreis brutto je Stück x Stückzahl abzgl. in Anspruch genommener Rabatt)
- Zahlungsbedingungen: zahlbar innerhalb von 14 Tagen nach Rechnungsdatum unter Abzug von 2 % Skonto oder 30 Tage netto Kasse
- Lieferzeit: 4 Wochen
- Erfüllungsort (Ware): Firmensitz in Goslar
- Gerichtsstand (Ware): Amtsgericht bzw. Landgericht Goslar

Material 3: Vordruck Geschäftsbrief

Goslarer Büromöbel AG

Goslarer Büromöbel AG · Industriepark 5 · 38644 Goslar

Ihr Zeichen:	wo
Ihre Nachricht vom:	10.03.20..
Unser Zeichen:	kru
Unsere Nachricht vom:	
Name:	Marcel Kruse
Telefon:	05321 3879–77
Telefax:	05321 3879–10
E-Mail:	kruse@gbmag.de
Datum:	20.03.20..

Angebot Nr. 378 665

Goslarer Büromöbel AG
Industriepark 5, 38644 Goslar
Registergericht Goslar HRB 84759
USt-ID Nr. DE 68 837 465
Vorstand: Kai Sörensen (Vorsitzender), Thomas Werner, Helene Sims
Vorsitzende des Aufsichtsrats: Sarah Kern

Bankverbindungen:
Commerzbank Goslar
IBAN: DE75 2684 0032 0006 7523 04 BIC: COBADEFF268
Sparkasse Hildesheim Goslar Peine
IBAN: DE63 2595 0130 0000 6375 26 BIC: NOLADE21HIK

Fortsetzung:

Goslarer Büromöbel AG

Goslarer Büromöbel AG
Industriepark 5, 38644 Goslar
Registergericht Goslar HRB 84759
USt-ID Nr. DE 68 837 465
Vorstand: Kai Sörensen (Vorsitzender), Thomas Werner, Helene Sims
Vorsitzende des Aufsichtsrats: Sarah Kern

Bankverbindungen:
Commerzbank Goslar
IBAN: DE75 2684 0032 0006 7523 04 BIC: COBADEFF268
Sparkasse Hildesheim Goslar Peine
IBAN: DE63 2595 0130 0000 6375 26 BIC: NOLADE21HIK

Schulbuch S. 131–138

10 Einen Kaufvertrag abschließen

Situation:

Aufgrund einer Anfrage der Autohaus Franken OHG über die Lieferung von Schreibtischen erstellt Herr Kruse ein entsprechendes Angebot und sendet es auf dem Postweg an den potenziellen Kunden. Einige Zeit später liegt die Bestellung der Autohaus Franken OHG auf seinem Schreibtisch.

GB Goslarer Büromöbel AG

Arbeitsaufträge:

1. Beurteilen Sie anhand von Angebot und Bestellung (Material 1 und Material 2), ob im vorliegenden Fall ein Kaufvertrag zwischen der Goslarer Büromöbel AG und der Autohaus Franken OHG zustande gekommen ist.

____

____

____

____

____

____

2. Herr Hermann, bei der Goslarer Büromöbel AG zuständig für die Reklamationsabwicklung, bestellt am 20.03.20.. im Internet beim Buchhändler Meier e.Kfm. die aktuelle Ausgabe eines Fachbuchs zum Thema Kaufvertragsstörungen. Noch am gleichen Tag erhält er per E-Mail die Auftragsbestätigung. Am 22.03.20.. wird das Buch mangelfrei geliefert. Begründen Sie, ob ein Kaufvertrag zustande gekommen ist.

____

____

____

____

3. Vervollständigen Sie das nachfolgende Schaubild:

Zustandekommen des Kaufvertrags

durch	**Willenserklärung 1**	+	**Willenserklärung 2**
Alternative 1	 durch den Verkäufer		 durch den Käufer
Alternative 2	 durch den Käufer		 durch den Verkäufer

4. Prüfen Sie, ob in folgenden Fällen ein Kaufvertrag zustande gekommen ist, und begründen Sie Ihre Auffassung.

Fall A: Die Goslarer Büromöbel AG benötigt zur Produktion ihrer Büromöbel große Mengen Metalllacke. Aus diesem Grund wurden Anfragen an verschiedene Lacklieferanten mit der Bitte um Abgabe eines Angebots verschickt. Nach eingehender Prüfung der rechtlich verbindlichen Angebote, die auf dem Postweg am 20.05.20.. eingegangen sind, bestellt die Goslarer Büromöbel AG am 21.05.20.. bei der Baumann OHG 200 l Metalllack zu deren Konditionen.

Ist ein Kaufvertrag zustande gekommen?	Begründungen
☐ Kaufvertrag ☐ kein Kaufvertrag	

Fall B: Die Pro Bike GmbH benötigt für ihr neues Zentrallager in Norddeutschland 20 Schreibtische. Aufgrund einer diesbezüglichen Anfrage unterbreitet die Goslarer Büromöbel AG am 26.08.20.. per E-Mail ein Angebot, das die Bemerkung „dieses Angebot ist unverbindlich" enthält. Einverstanden mit dem Preis und den übrigen Konditionen bestellt die Pro Bike GmbH am 27.08.20.. per E-Mail die Schreibtische. Kurze Zeit später teilt die Goslarer Büromöbel AG mit, dass die Schreibtische aufgrund gestiegener Lohnkosten nur zu einem um 10 % höheren Preis verkauft werden können.

Ist ein Kaufvertrag zustande gekommen?	Begründungen
☐ Kaufvertrag ☐ kein Kaufvertrag	

Fall C: Herr Bäumer, Einkaufssachbearbeiter der Goslarer Büromöbel AG, bestellt am 10.09.20.. bei der Hildesheimer Möbelhaus Krüger OHG aufgrund eines Verkaufsprospekts eine Schlafcouch zum Preis von 1500,00 EUR inkl. Lieferung und Montage. Die Lieferzeit soll 6 Wochen betragen. Vier Tage später erhält Herr Bäumer telefonisch die Nachricht, dass die Schlafcouch aus dem Sortiment herausgenommen wurde und daher nicht mehr geliefert werden kann.

Ist ein Kaufvertrag zustande gekommen?	Begründungen
☐ Kaufvertrag ☐ kein Kaufvertrag	

Fall D: Die Goslarer Büromöbel AG benötigt für die Herstellung ihrer Büroschränke Scharniere. Aufgrund einer dementsprechenden Anfrage erhält die Goslarer Büromöbel AG am 10.02.20.. ein rechtlich verbindliches Angebot von der Gruber OHG per E-Mail. Nach intensiver Prüfung des Angebots werden am 20.02.20.. per Telefax 2000 Scharniere zu den angebotenen Konditionen bestellt.

Ist ein Kaufvertrag zustande gekommen?	Begründungen
☐ Kaufvertrag ☐ kein Kaufvertrag	

Fall E: Die Goslarer Büromöbel AG bestellt versehentlich am 12.08.20.. per Brief 10000 Schrauben bei der Bullmann KG. Eigentlich sollten die Schrauben von ihrem Stammlieferanten, der Bauer KG, bezogen werden. Noch am gleichen Tag informiert Helge Mewert, der zuständige Einkaufssachbearbeiter der Goslarer Büromöbel AG, per E-Mail die Bullmann KG über das Missverständnis.

Ist ein Kaufvertrag zustande gekommen?	Begründungen
☐ Kaufvertrag ☐ kein Kaufvertrag	

5. Die Goslarer Büromöbel AG liefert über eine Spedition Bürostühle an die Büroausstatter Winter OHG. Auf dem Weg nach Kiel gerät der Lkw in ein Nebelfeld. Der Unfall war nicht zu vermeiden. Die Bürostühle sind stark beschädigt. Der Schaden liegt bei etwa 3000,00 EUR. Im Kaufvertrag wurde der gesetzliche Leistungsort vereinbart.

   5.1 Nennen Sie den gesetzlichen Leistungsort.

   ____

   ____

   ____

   5.2 Erklären Sie, wer den Schaden tragen muss.

   ____

   ____

   ____

   ____

5.3 Nehmen Sie an, die beiden Unternehmen können sich nicht einigen. Begründen Sie, vor welchem Amtsgericht die Streitigkeit zu klären ist.

___

___

___

6. Lea Gabel aus Goslar, Sachbearbeiterin der Goslarer Büromöbel AG, bestellt bei einem Versandhändler mit Geschäftssitz in München eine Espressomaschine für ihre neue Küche. Der Betrag von 900,00 EUR ist 10 Tage nach Lieferung fällig. Am 10.03.20.. wird die Maschine vereinbarungsgemäß bei ihr zu Hause angeliefert. 10 Tage später, am 20.03.20.., erteilt Lea Gabel ihrer Bank den Überweisungsauftrag. Kurze Zeit später erhält sie ein Schreiben, in dem ihr vom Versandhändler Verzugszinsen für 3 Tage in Rechnung gestellt werden, da der Betrag erst am 23.03.20.. eingegangen ist.

Ist im Kaufvertrag als Zahlungstermin z.B. der 20.01.20.. vereinbart worden, muss der Betrag beim Verbrauchsgüterkauf spätestens an diesem Tag überwiesen werden. Anders verhält es sich bei Geschäftsleuten. Hier muss gemäß einer Entscheidung des europäischen Gerichtshofs aus dem Jahr 2008 der Betrag zum vereinbarten Zahlungstermin beim Verkäufer eingegangen sein.

6.1 Erläutern Sie, ob der Versandhändler recht hat.

___

___

6.2 Überprüfen Sie, bei welchem Amtsgericht die Angelegenheit geklärt werden müsste.

___

___

7. Durch den Vertragsabschluss (Verpflichtungsgeschäft) verpflichten sich die Vertragspartner, den Vertrag zu erfüllen (Erfüllungsgeschäft). Entscheiden Sie in den folgenden Fällen, worum es sich handelt.

① = Verpflichtungsgeschäft Teil 1 „Pflichten des Verkäufers“

② = Verpflichtungsgeschäft Teil 2 „Pflichten des Käufers“

③ = Erfüllungsgeschäft Teil 1 „Vertragserfüllung durch den Verkäufer“

④ = Erfüllungsgeschäft Teil 2 „Vertragserfüllung durch den Käufer“

⑤ = weder Verpflichtungs- noch Erfüllungsgeschäft

Die Innovations AG erklärt sich durch Annahme des Angebots der Goslarer Büromöbel AG bereit, den Kaufpreis von 20 000,00 EUR netto zuzüglich 19 % USt am 20.04.20.. zu zahlen.	
Die Goslarer Büromöbel AG begleicht die Rechnung der Metallwerke Duisburg GmbH vereinbarungsgemäß vier Wochen nach Lieferung netto Kasse.	
Die Goslarer Büromöbel AG sagt der Möblix GmbH in der Auftragsbestätigung zu, die bestellten Büroschränke am 14.04.20.. zu liefern.	
Die Metallrohre werden von der Metallwerke Duisburg GmbH vertragsgemäß drei Wochen nach Auftragseingang bei der Goslarer Büromöbel AG angeliefert.	
Die Goslarer Büromöbel AG fragt bei verschiedenen Unternehmen, die Metallrohre vertreiben, Preise, Lieferzeiten sowie Lieferungs- und Zahlungsbedingungen ab.	

Material 1: Geschäftsbrief der Goslarer Büromöbel AG

GB Goslarer Büromöbel AG

Goslarer Büromöbel AG · Industriepark 5 · 38644 Goslar
Autohaus Franken OHG
Hansastr. 22
46049 Oberhausen

Ihr Zeichen:	sa
Ihre Nachricht vom:	14.02.20..
Unser Zeichen:	kru
Unsere Nachricht vom:	
Name:	Marcel Kruse
Telefon:	05321 3879–77
Telefax:	05321 3879–10
E-Mail:	kruse@gbmag.de
Datum:	18.02.20..

Angebot Schreibtisch

Sehr geehrter Herr Sammer,

wir bedanken uns für Ihre Anfrage und freuen uns, Ihnen einen entsprechenden Schreibtisch anbieten zu können.

Schreibtisch Future
Rahmen aus pulverbeschichtetem Stahlrohr, Glasplatte
Artikelnummer: A-1003110

Listenverkaufspreis (netto): 405,00 EUR je Stück inkl. Verpackung zzgl. 19% USt

Ab 20 Stück gewähren wir einen Mengenrabatt von 12%. Die Lieferung erfolgt frei Haus. Die Lieferzeit beträgt 14 Tage nach Auftragseingang. Unser Angebot ist bis zum 10.03.20.. gültig. Die Rechnung ist innerhalb von 14 Tagen nach Rechnungsdatum mit 3% Skonto oder 30 Tage netto Kasse zu begleichen.

Wir würden uns freuen, Sie als neuen Kunden begrüßen zu dürfen.

Mit freundlichem Gruß

Goslarer Büromöbel AG

i. A. *Marcel Kruse*

Marcel Kruse

Goslarer Büromöbel AG
Industriepark 5, 38644 Goslar
Registergericht Goslar HRB 84759
USt-ID Nr. DE 68 837 465
Vorstand: Kai Sörensen (Vorsitzender), Thomas Werner, Helene Sims
Vorsitzende des Aufsichtsrats: Sarah Kern

Bankverbindungen:
Commerzbank Goslar
IBAN: DE75 2684 0032 0006 7523 04 BIC: COBADEFF268
Sparkasse Hildesheim Goslar Peine
IBAN: DE63 2595 0130 0000 6375 26 BIC: NOLADE21HIK

Material 2: Geschäftsbrief der Autohaus Franken OHG

AUTOHAUS FRANKEN OHG
Oberhausen – Essen – Bochum

Ihr Zeichen:	kru
Ihre Nachricht vom:	18.02.20..
Unser Zeichen:	sa
Unsere Nachricht vom:	14.02.20..
Name:	Mark Sammer
Telefon:	0208 383–11
Telefax:	0208 383-1
E-Mail:	info@franken.de
Datum:	28.03.20..

Autohaus Franken OHG · Hansastr. 22 · 46049 Oberhausen
Goslarer Büromöbel AG
Industriepark 5
38644 Goslar

Bestellung

Sehr geehrter Herr Kruse,

gemäß Ihrem Angebot vom 18.02.20.. bestellen wir folgende Artikel zu den von Ihnen genannten Konditionen.

Schreibtisch Future
A-1003110
Menge: 12

Wir freuen uns auf eine langfristige Zusammenarbeit.

Mit freundlichen Grüßen

i.A. *Mark Sammer*

Mark Sammer

Geschäftsführer:
Peter Franken
Albert Moll

Sitz der Gesellschaft:
Oberhausen

Handelsregister:
Amtsgericht Oberhausen
HRA 4675

Kommunikation:
Telefon: 0208 383-0
Telefax: 0208 383-1
E-Mail: info@franken.de

Bankverbindungen:
Stadtsparkasse Oberhausen
IBAN: DE66 3655 0000 0237 9908 94
BIC: WELADED1OBH

Finanzamt Oberhausen
Steuernummer:
17897679943
USt-ID-Nummer:
DE67127386

Schulbuch S. 141–149

11 Mit einer Schlechtleistung (mangelhaften Lieferung) rechtssicher umgehen

Situation:

Am 24. 04. 20.. liegt folgendes Schreiben auf dem Tisch von Herrn Kruse, Verkaufssachbearbeiter der Goslarer Büromöbel AG:

GB Goslarer Büromöbel AG

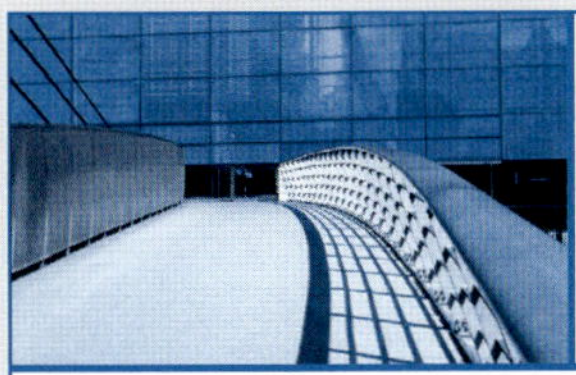

Pro Secura AG
Versicherungsgesellschaft

Pro Secura AG | Theresienstraße 30 | 90403 Nürnberg
Goslarer Büromöbel AG
Industriepark 5
38644 Goslar

Ihr Zeichen: kru
Ihre Nachricht vom: 20.03.20..
Unser Zeichen: wo
Unsere Nachricht vom: 24.03.20..

Name: Werner Wolf
Telefon: 0911 463–45
Telefax: 0911 463-1
E-Mail: w.wolf@prosecura.de

Datum: 23. April 20..

Mängelrüge

Sehr geehrter Herr Kruse,

am 24.03.20.. haben wir bei Ihnen 120 Bürostühle Modell Tergo bestellt, die am 21.04.20.. vereinbarungsgemäß geliefert wurden. Im Rahmen unserer Wareneingangskontrolle am 22.04.20.. mussten wir leider folgende Mängel feststellen:

1. Acht Bürostühle sind nicht mit schwarzem Lederbezug, sondern mit dunkelbraunem Lederbezug geliefert worden.

2. Bei sechs Bürostühlen sind die Fußrollen abgebrochen.

Wie Sie wissen, benötigen wir die Bürostühle für unsere neue Verwaltung, die am 01.05.20.. bezugsfertig sein wird.

Bitte nehmen Sie umgehend Kontakt mit mir auf.

Mit freundlichen Grüßen

Pro Secura AG

i.A. Werner Wolf

Werner Wolf

Pro Secura AG | Versicherungsgesellschaft mit Sitz in Nürnberg | Vorstand: Peter Börner, Klaus Brumme
Theresienstraße 30 | 90403 Nürnberg | Fon 0911-463-0 | Fax 0911-463-1
www.prosecura.de | mail@prosecura.de | Sparkasse Nürnberg | IBAN DE78760501010547834842 | BIC SSKNDE77XXX
Amtsgericht Nürnberg HRB 7376 | Steuernummer: 64776544579 | USt-ID-Nr.: DE77437538

Arbeitsaufträge:

1. Nennen Sie die Sachmängel gemäß BGB (im Hinblick auf die Erkennbarkeit und Sache), die von der Pro Secura AG bei der Wareneingangskontrolle festgestellt wurden.

Mängel	Mängelarten im Hinblick auf die	
	Erkennbarkeit	Sache
1		
2		

2. Erläutern Sie, ob die Pro Secura AG ihre Pflichten bezüglich der mangelhaften Lieferung erfüllt hat, sodass sie die ihr zustehenden Rechte beanspruchen kann.

3. Stellen Sie dar, welche Rechte dem Käufer bei einer mangelhaften Lieferung auf der 1. Stufe (= vorrangige Rechte) grundsätzlich zur Verfügung stehen. Tragen Sie diese in das entsprechende Raster ein (Material 1).

4. Geben Sie an, welches Recht Sie anstelle der Pro Secura AG einfordern würden.

Sachmängel	Eingefordertes Recht

5. Nehmen Sie Folgendes an: Aufgrund von Lieferengpässen seitens ihrer Lieferanten kann die Goslarer Büromöbel AG in den nächsten vier Wochen keine Bürostühle mit schwarzem Lederbezug liefern. Die Nacherfüllung ist also nicht möglich. Stellen Sie dar, welche nachrangigen Rechte (= 2. Stufe) dem Käufer nun generell zur Verfügung stehen. Tragen Sie diese in das zur Verfügung stehende Raster ein (Material 2).

6. Nennen Sie das Recht, welches Sie anstelle der Pro Secura AG bezogen auf die Falschlieferung unter folgender Annahmen einfordern würden.

Annahmen:

- Der Lieferengpass ist auf einen mehrwöchigen Streik in der Lederindustrie zurückzuführen. Deshalb können derzeit keine Lederprodukte gefertigt und ausgeliefert werden.
- Vergleichbare Bürostühle sind bei einem anderen Lieferanten zum gleichen Preis sofort lieferbar.

eingefordertes Recht	

7. Nehmen Sie an, die Pro Secura AG hätte sich im obigen Fall (Arbeitsauftrag 6) dazu entschieden, vom Vertrag zurückzutreten und zusätzlich Schadensersatz statt Leistung zu fordern. Erläutern Sie, wie Sie die Erfolgsaussichten der Goslarer Büromöbel AG vor Gericht einschätzen würden, wenn man nicht bereit ist, die Schadensersatzforderung zu akzeptieren.

8. Am 05.05.20.. erhält die Goslarer Büromöbel AG ein Schreiben der Pro Secura AG. In diesem Schreiben teilt die Pro Secura AG mit, dass sich bei der Benutzung der Bürostühle herausgestellt hat, dass bei zehn Bürostühlen die Sitzhöhenverstellung nicht einwandfrei funktioniert. Ermitteln Sie, um welche Art Sachmangel im Hinblick auf die Sache und Erkennbarkeit es sich handelt.

9. Peter Schneider, Inhaber des Reisebüros Schneider e.Kfm., plant, am 02.05.20.. eine Zweigstelle in Göttingen zu eröffnen. Er bestellt die komplette Büroeinrichtung bei der Goslarer Büromöbel AG. Die Lieferung inkl. Montage der Büroeinrichtung ist für den 01.05.20.. geplant. Beim Auspacken der Ware bemerkt Herr Schneider, dass die falschen Artikel geliefert worden sind. In einem Telefonat mit Herrn Kruse, dem zuständigen Verkaufssachbearbeiter bei der Goslarer Büromöbel AG, stellt sich heraus, dass versehentlich die falsche Artikelnummer an die Lagerabteilung weitergeleitet wurde. Die Lieferung der bestellten Büroeinrichtung ist nun erst am 04.05.20.. möglich. Herr Schneider ist außer sich. Nach Rücksprache mit seinem Anwalt fordert er die schnellstmögliche Lieferung der bestellten Büroeinrichtung und einen Schadensersatz in Höhe von 800,00 EUR für den dreitägigen Verdienstausfall.

9.1 Stellen Sie dar, um welche Art von Mangel im Hinblick auf die Sache und Erkennbarkeit es sich handelt.

9.2 Benennen Sie, welche Art Schadensersatz Herr Schneider fordert.

9.3 Begründen Sie, ob der Schadensersatzanspruch berechtigt ist.

9.4 Erklären Sie, innerhalb welcher Frist Herr Schneider seine Gewährleistungsansprüche geltend machen muss, damit er seine Rechte, die sich aus der mangelhaften Lieferung ergeben, nicht verliert.

10. Beurteilen Sie, welche Folgen es für die Goslarer Büromöbel AG haben wird, wenn sich die Reklamationen wegen mangelhafter Lieferungen häufen.

____

____

____

____

____

Material 1: Vorrangige Rechte des Käufers bei Schlechtleistung (mangelhafter Lieferung)

Vorrangige Rechte des Käufers bei Schlechtleistung (mangelhafter Lieferung)

ohne eine ____________ setzen zu müssen, hat der Käufer das Recht auf

[______________] + [______________]

wahlweise

[______________] [______________]

nur wenn ein ____________ entstanden ist und der Verkäufer den ____________ ____________ hat.

➤ Nacherfüllung gilt nach ______________________ als fehlgeschlagen.

➤ Verkäufer kann das gewählte Recht der Nacherfüllung bei ______________________ hohen Kosten ablehnen.

Material 2: Nachrangige Rechte des Käufers bei Schlechtleistung (mangelhafter Lieferung)

Nachrangige Rechte des Käufers bei Schlechtleistung (mangelhafter Lieferung)

nach ____________________ Ablauf der gesetzten ____________ zur Nacherfüllung, kann der Käufer

wahlweise

nur bei ____________________ Mängeln

+

+

nur wenn ____________ bzw. ______________________________ entstanden sind und der Verkäufer den Mangel ____________________ hat.

Schulbuch S. 151–155

12 Mit einer Nicht-Rechtzeitig-Lieferung (Lieferungsverzug) rechtssicher umgehen

Situation:

Am 28.04.20.. liegt folgendes Schreiben auf dem Tisch von Herrn Kruse, Verkaufssachbearbeiter der Goslarer Büromöbel AG:

GB Goslarer Büromöbel AG

KAISER GMBH
Stahlhandel

Kaiser GmbH · Trakehner Str. 24 · 60487 Frankfurt/Main
Goslarer Büromöbel AG
Marcel Kruse
Industriepark 5
38644 Goslar

Ihr Zeichen:	kru
Ihre Nachricht vom:	20.04.20..
Unser Zeichen:	do
Unsere Nachricht vom:	18.04.20..
Name:	Sandra Dorn
Telefon:	069 563–25
Telefax:	069 563-1
E-Mail:	dorn@kaiser.de
Datum:	27.04.20..

Bestellung vom 18.04.20..

Sehr geehrter Herr Kruse,

am 18.04.20.. haben wir bei Ihnen 10 Schreibtische Modell Starlight bestellt, die gemäß Kaufvertrag am 25.04.20.. geliefert werden sollten. Bis heute sind die Schreibtische nicht bei uns angekommen.

Da wir Lieferungsverzögerungen grundsätzlich nicht akzeptieren, treten wir hiermit vom Kaufvertrag zurück. Wir haben in der Zwischenzeit vergleichbare Schreibtische bei einem Ihrer Konkurrenten bestellt.

Da diese Schreibtische um 200,00 EUR je Stück teurer sind, stellen wir Ihnen die Mehrkosten von insgesamt 2000,00 EUR in Rechnung.

Bitte überweisen Sie den Betrag auf das unten genannte Konto.

Wir sehen unsere Geschäftsbeziehung damit als beendet an.

Mit freundlichem Gruß

Kaiser GmbH

i.A. Sandra Dorn

Sandra Dorn

Geschäftsführung:
Petrqa Kaiser
Bernd Kaiser

Sitz der Gesellschaft:
Frankfurt/Main

Handelsregister:
Amtsgericht Frankfurt/Main
HRB 4576

Bankverbindungen:
Frankfurter Sparkasse
IBAN: DE69500502010345834842
BIC: HELADEF1822

Finanzamt Frankfurt/Main I:
Steuernummer:
34777894579
USt-ID-Nummer:
DE 34437598

Herr Kruse sucht sofort die Bestellung der Kaiser GmbH und die entsprechende Auftragsbestätigung heraus. Hierbei stellt er fest, dass die Schreibtische tatsächlich am 25.04.20.. hätten ausgeliefert werden sollen. Herr Kruse greift zum Telefon und kontaktiert Herrn Steele aus der Lagerabteilung. Herr Steele teilt ihm mit, dass es aufgrund der guten Auftragslage zu Verzögerungen gekommen ist und die Schreibtische daher erst morgen ausgeliefert werden sollen.

Arbeitsaufträge:

1. Prüfen Sie im ersten Schritt, ob sich die Goslarer Büromöbel AG überhaupt in Lieferungsverzug befindet.

Voraussetzungen	Ja	Nein	Begründung
Ist die Lieferung nachholbar?			
Ist die Lieferung fällig?			
Musste gemahnt werden?			
Liegt ein Verschulden vor?			

Antwortsatz:

2. Überprüfen Sie, ob der Kaiser GmbH die geforderten Rechte zustehen.

3. Stellen Sie dar, welche Rechte allgemein im Rahmen des Lieferungsverzugs vom Käufer geltend gemacht werden können. Nutzen Sie hierzu das Raster (Material 1).

4. Beschreiben Sie, welche Auswirkungen ständige Lieferungsverzögerungen für die Goslarer Büromöbel AG haben können.

5. Nehmen Sie an, im Kaufvertrag zwischen der Goslarer Büromöbel AG und der Kaiser GmbH wäre folgende Vereinbarung getroffen worden: „Lieferung ab 25.04.20..“ Begründen Sie, ob sich die Goslarer Büromöbel AG in diesem Fall ebenfalls in Lieferungsverzug befände.

____

____

____

Material 1: Rechte des Käufers bei Nicht-Rechtzeitig-Lieferung (Lieferungsverzug)

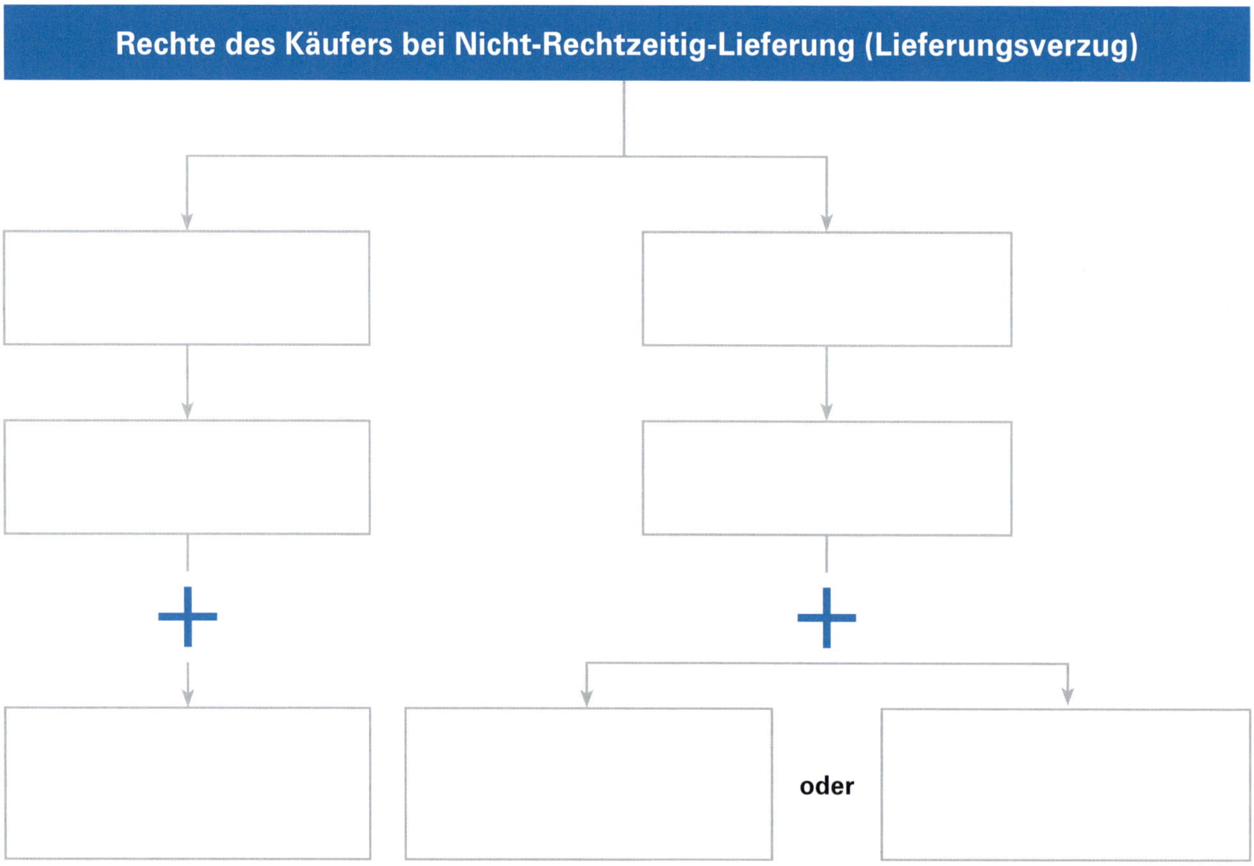

Schulbuch S. 160–163

13 Mit einer Nicht-Rechtzeitig-Zahlung (Zahlungsverzug) rechtssicher umgehen

Situation:

Die Wagner KG, ein Unternehmen der Lebensmittelbranche in Stuttgart, bestellt bei der Goslarer Büromöbel AG am 01.05.20.. Bürostühle vom Typ „Smile" zum Preis von insgesamt 25000,00 EUR. Gemäß Kaufvertrag sind die Bürostühle am 14.05.20.. zu liefern. Als Zahlungstermin wurde der 30.05.20.. vereinbart. Am 02.06.20.. stellt Frau Maldini, Mitarbeiterin der Buchhaltung bei der Goslarer Büromöbel AG, fest, dass die Wagner KG die Rechnung noch nicht beglichen hat. Durch Rücksprache mit Frau Lamers, einer Mitarbeiterin der Lagerabteilung, erfährt Frau Maldini, dass die Bürostühle am 14.05.20.. ordnungsgemäß geliefert wurden. Die Rechnung lag der Lieferung bei. Frau Maldini ist verstimmt: „Immer Ärger mit den Kunden!"

Arbeitsaufträge:

1. Prüfen Sie im ersten Schritt, ob sich die Wagner KG in Zahlungsverzug befindet.

Voraussetzungen	Ja	Nein	Begründung
Ist der Zahlungstermin überschritten?			
Musste gemahnt werden?			

2. Stellen Sie dar, welche Rechte allgemein im Rahmen der Nicht-Rechtzeitig-Zahlung vom Verkäufer geltend gemacht werden können. Nutzen Sie hierzu das Raster (Material 1).

3. Beschreiben Sie, was Ihnen auffällt, wenn Sie die Rechte des Verkäufers bei Nicht-Rechtzeitig-Zahlung mit den Rechten des Käufers bei Nicht-Rechtzeitig-Lieferung miteinander vergleichen.

4. Erläutern Sie, welches Recht die Goslarer Büromöbel AG unter folgenden Annahmen wahrnehmen sollte.
   - Die Wagner KG hat die von der Goslarer Büromöbel AG gesetzte Nachfrist verstreichen lassen.
   - Die Bürostühle sind unbeschädigt und befinden sich noch in der Originalverpackung. Sie können aufgrund der hervorragenden Absatzsituation problemlos zum gleichen Preis an einen anderen Kunden verkauft werden.
   - Die Wagner KG befindet sich in großen finanziellen Schwierigkeiten.
   - Die Wagner KG ist ein langjähriger Großkunde, den man nicht verlieren möchte.

Recht	

5. Erklären Sie, welches Recht die Goslarer Büromöbel AG unter folgenden Annahmen wahrnehmen sollte.
   - Die Wagner KG hat die von der Goslarer Büromöbel AG gesetzte Nachfrist verstreichen lassen.
   - Die Bürostühle sind unbeschädigt und befinden sich noch in der Originalverpackung. Sie können jedoch aufgrund der schwierigen Absatzsituation nur zu einem Preis von 22 000,00 EUR verkauft werden.
   - Die Wagner KG befindet sich in großen finanziellen Schwierigkeiten.
   - Die Wagner KG ist ein Kunde mit eher geringem Einkaufsvolumen, der schon häufiger durch verspätete Zahlungen aufgefallen ist.

Recht	

6. Nehmen Sie an, die Wagner KG hätte den Rechnungsbetrag in Höhe von 25 000,00 EUR am 09.06.20.. beglichen. Berechnen Sie die Verzugszinsen, die die Goslarer Büromöbel AG der Wagner KG nachträglich in Rechnung stellen kann.

Annahmen:

- Die Zahlung hätte laut Kaufvertrag am 30.05.20.. bei der Goslarer Büromöbel AG eingehen müssen.
- Der Basiszinssatz der EZB beträgt 2,27 %.

März

	Mo	Di	Mi	Do	Fr	Sa	So
9						1	2
10	3	4	5	6	7	8	9
11	10	11	12	13	14	15	16
12	17	18	19	20	21	22	23
13	24	25	26	27	28	29	30
14	31						

April

	Mo	Di	Mi	Do	Fr	Sa	So
14		1	2	3	4	5	6
15	7	8	9	10	11	12	13
16	14	15	16	17	18	19	20
17	21	22	23	24	25	26	27
18	28	29	30				

Mai

	Mo	Di	Mi	Do	Fr	Sa	So
18				1	2	3	4
19	5	6	7	8	9	10	11
20	12	13	14	15	16	17	18
21	19	20	21	22	23	24	25
22	26	27	28	29	30	31	

Juni

	Mo	Di	Mi	Do	Fr	Sa	So
22							1
23	2	3	4	5	6	7	8
24	9	10	11	12	13	14	15
25	16	17	18	19	20	21	22
26	23	24	25	26	27	28	29
27	30						

Verzugs-zinsen	

7. Ermitteln Sie, ab wann die Wagner KG unter folgenden Annahmen in Zahlungsverzug geraten würde.
   - Die Wagner KG hat die Rechnung am 14.05.20.. erhalten.
   - Die Zahlungsbedingung lautete: „Zahlbar ab 30.05.20..“
   - Auf eine Mahnung wurde verzichtet.

Datum	

8. Nehmen Sie an, die Goslarer Büromöbel AG möchte die 30 Tage nicht abwarten, sondern die Wagner KG unverzüglich in Zahlungsverzug setzen. Verfassen Sie ein entsprechendes Schreiben (Material 2).

   Adresse: Wagner KG, Zettachring 15, 70567 Stuttgart, Ansprechpartner Herr Müller.

Material 1: Rechte des Verkäufers bei Nicht-Rechtzeitig-Zahlung (Zahlungsverzug)

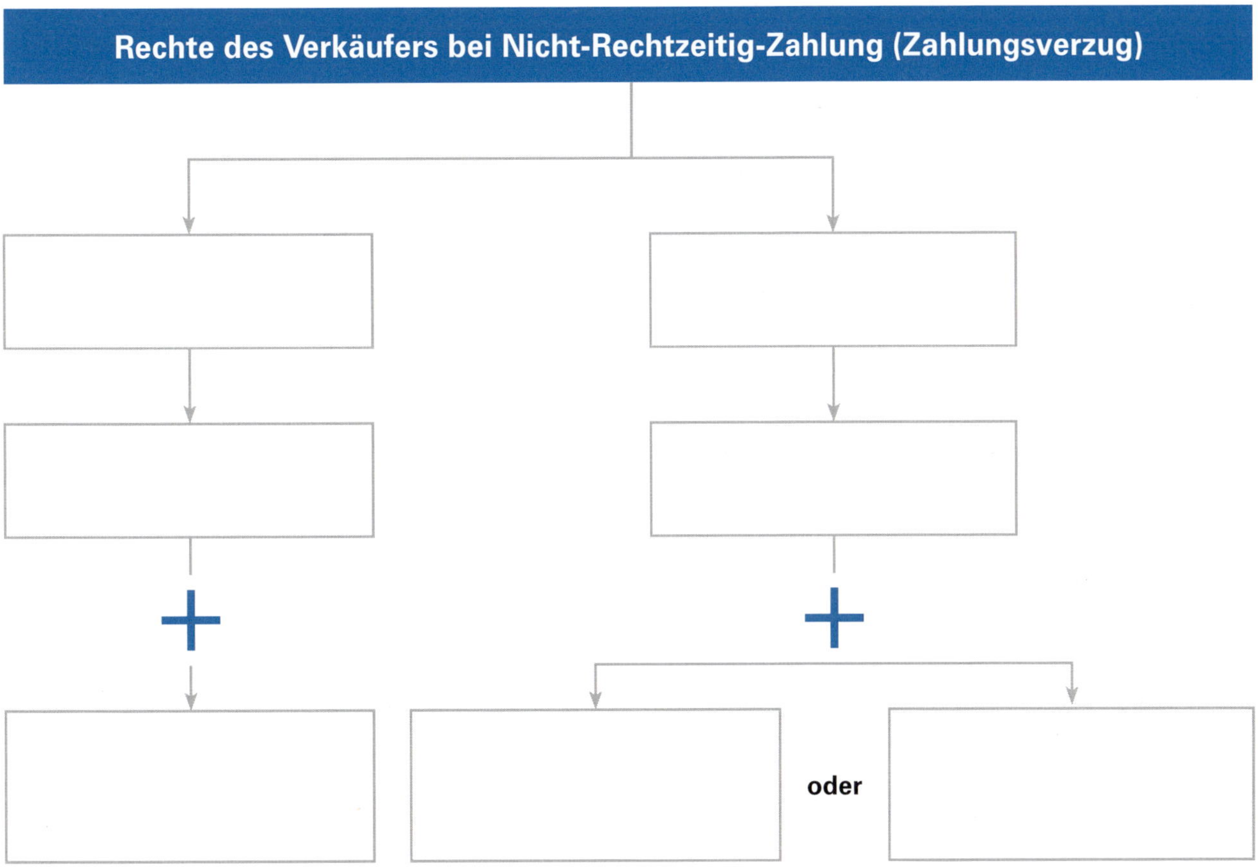

Material 2: Geschäftsbrief der Goslarer Büromöbel AG

GB Goslarer Büromöbel AG

Goslarer Büromöbel AG · Industriepark 5 · 38644 Goslar

Ihr Zeichen: ____________
Ihre Nachricht vom: ____________
Unser Zeichen: ____________
Unsere Nachricht vom: ____________

Name: ____________
Telefon: ____________
Telefax: ____________
E-Mail: ____________

Datum: ____________

Sehr geehrter Herr ____________________,

Goslarer Büromöbel AG
Industriepark 5, 38644 Goslar
Registergericht Goslar HRB 84759
USt-ID Nr. DE 68 837 465
Vorstand: Kai Sörensen (Vorsitzender), Thomas Werner, Helene Sims
Vorsitzende des Aufsichtsrats: Sarah Kern

Bankverbindungen:
Commerzbank Goslar
IBAN: DE75 2684 0032 0006 7523 04 BIC: COBADEFF268
Sparkasse Hildesheim Goslar Peine
IBAN: DE63 2595 0130 0000 6375 26 BIC: NOLADE21HIK

Lerngebiet 11.2: Unternehmensbezogene Informationen computergestützt verarbeiten

Schulbuch S. 167–194

1 Eine Tabelle mithilfe von EXCEL erstellen, erweitern und gestalten

Situation:

Der Praktikant Jonas Schwanemann durchläuft während seines Praktikums bei der Goslarer Büromöbel AG alle Unternehmensbereiche. Zurzeit befindet er sich in der EDV-Abteilung. Hier gefällt es ihm bisher am besten, da er immer wieder vor neue Herausforderungen gestellt wird und er hier die Möglichkeit hat, diese auch selbstständig zu meisten.

Herr Ludewig, der Abteilungsleiter der EDV, ist ebenfalls sehr zufrieden mit der Arbeit von Jonas, sodass er seine Mitarbeiter dazu angehalten hat, Jonas nicht zu „schonen" und ihn als vollwertiges Mitglied im Team zu betrachten. Dies führt allerdings auch dazu, dass einige Mitarbeiterinnen und Mitarbeiter die Chance nutzen und ungeliebte Aufgaben auf Jonas abwälzen möchten. So bekommt er unter anderem von einer Mitarbeiterin die Aufgabe, mehrere identische Tabellen in EXCEL zu erstellen. Da Jonas schlecht Nein sagen kann, stellt er sich der Aufgabe – und das, obwohl er noch nie mit EXCEL gearbeitet hat. Als er Microsoft EXCEL auf seinem Computer öffnet und der Startbildschirm erscheint, wird ihm ganz anders:

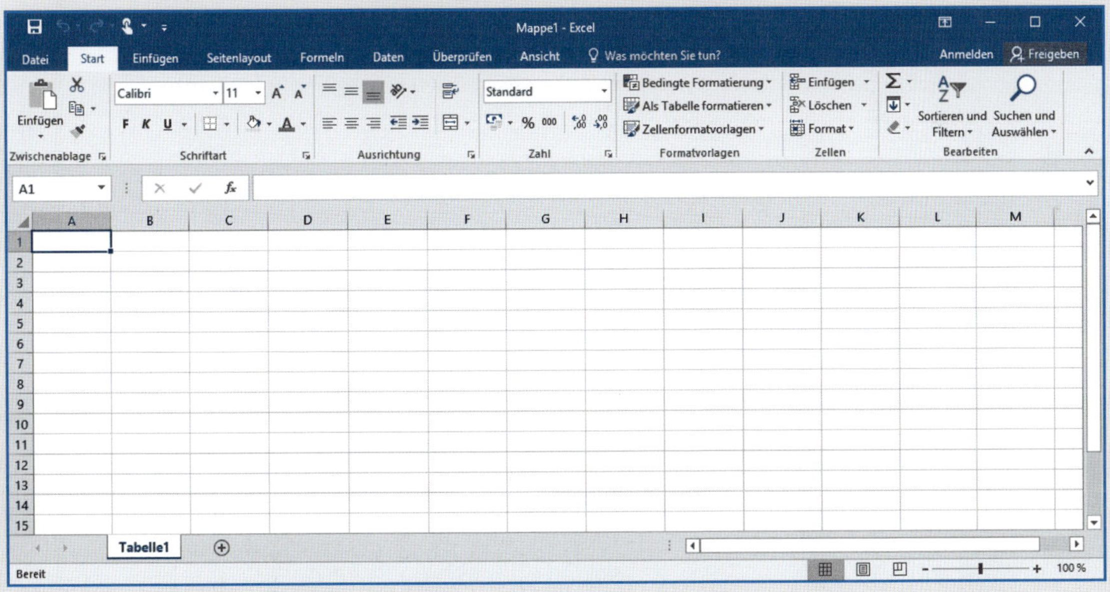

„Was habe ich mir da nur zugemutet? Wie soll ich das nur schaffen?

Er beginnt im Internet nach passenden Onlinehilfen zu suchen und wird teilweise fündig.

Arbeitsaufträge:

1. Mithilfe von EXCEL lassen sich unter anderem einfache Tabellen erstellen.

   1.1 Beschriften Sie den auf der Folgeseite abgebildeten Startbildschirm von EXCEL mit den richtigen Fachbegriffen.

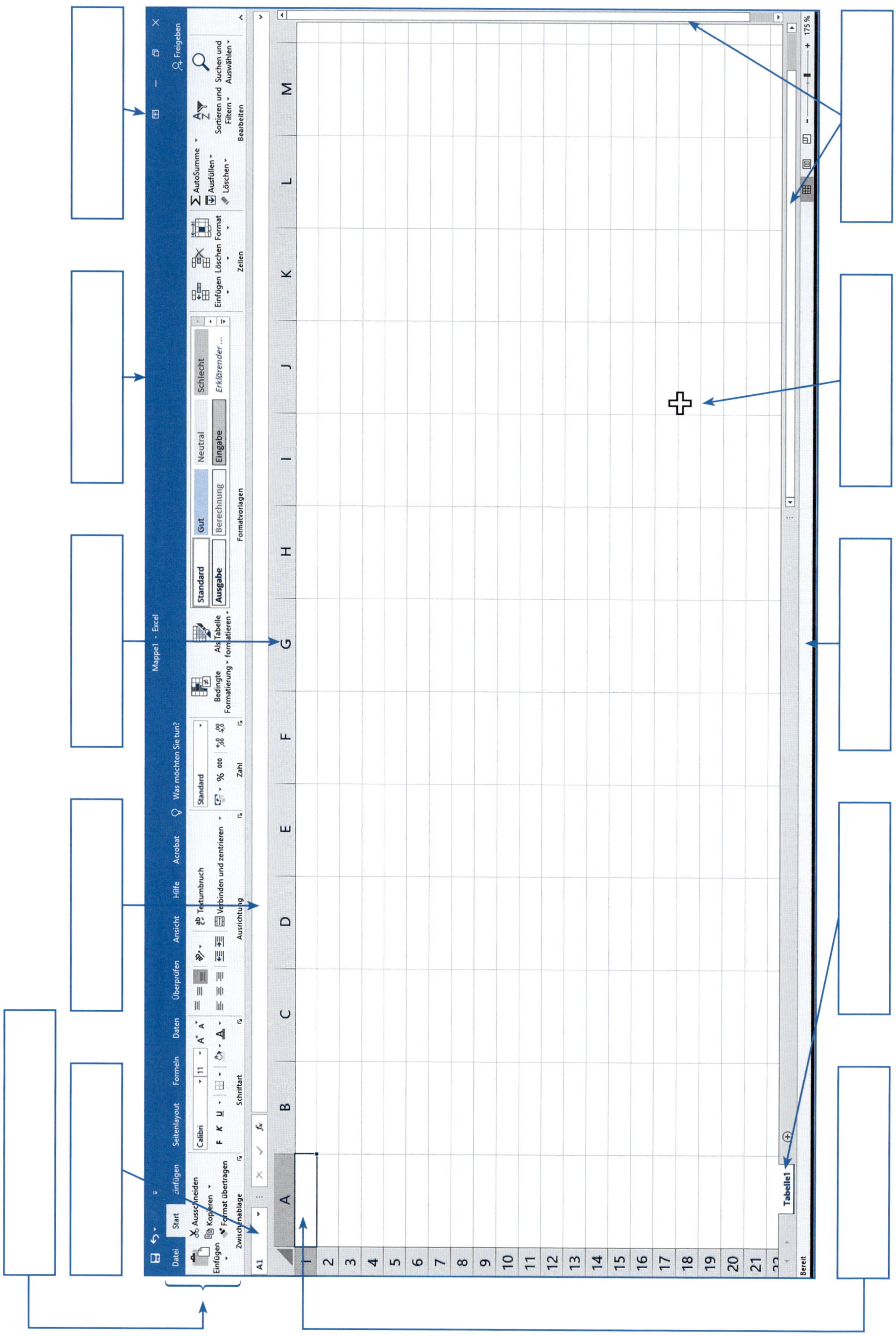
Mappe1 - Excel
Datei
Start
Einfügen
Seitenlayout
Formeln
Daten
Überprüfen
Ansicht
Hilfe
Acrobat
Was möchten Sie tun?
Freigeben
Ausschneiden
Kopieren
Format übertragen
Zwischenablage
Calibri
Schriftart
Textumbruch
Verbinden und zentrieren
Ausrichtung
Standard
Zahl
Bedingte Formatierung
Als Tabelle formatieren
Standard
Gut
Neutral
Schlecht
Ausgabe
Berechnung
Eingabe
Erklärender ...
Formatvorlagen
Einfügen
Löschen
Format
Zellen
AutoSumme
Ausfüllen
Löschen
Sortieren und Filtern
Suchen und Auswählen
Bearbeiten
A1
Tabelle1
Bereit
175 %

1.2 Füllen Sie den folgenden kleinen Test für den Einstieg mit Microsoft EXCEL aus.

Test „Einstieg in EXCEL"

Name	
Punkte	________ von 12 Punkten
%-Satz	

1. Mit welchem Zeichen beginnt die Eingabe von Formeln und Funktionen (2 Punkte)?

2. Wie lautet die Dateiendung einer EXCEL-Datei (2 Punkte)?

3. Welche mathematischen Operatoren gibt es in EXCEL (2 Punkte)?

4. Welche Rolle spielt der Doppelpunkt bei EXCEL (2 Punkte)?

5. Wohin muss geklickt werden, wenn eine Datenreihe automatisch ausgefüllt werden soll (2 Punkte)?

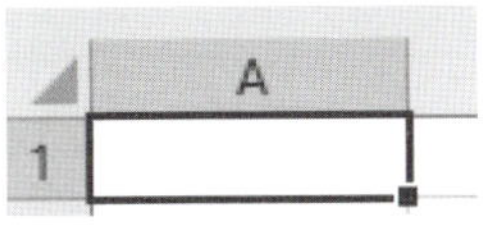

6. Welches Zeichen steht in EXCEL für die Summe (2 Punkte)?

2. Arbeiten mit EXCEL kann ganz einfach sein. Der Einsatz von einfachen Formeln und Funktionen in EXCEL erleichtert das Standardisieren von wirtschaftlichen Berechnungen.

   2.1 Ergänzen Sie im ersten Schritt die entsprechenden Summenformeln. Schreiben Sie die Formeln in das Arbeitsheft und übernehmen Sie die Formeln anschließend in eine EXCEL-Tabelle.

	A	B	C	D	E
1	**Goslarer Büromöbel AG**				
2					
3			**Umsätze**		
4	**Name**	**Jahr 1**	**Jahr 2**	**Jahr 3**	**Summe**
5	Ollmann	61.200,00 €	44.100,00 €	67.000,00 €	
6	Nieland	59.600,00 €	33.020,00 €	61.432,00 €	
7	Imken	44.900,00 €	34.670,00 €	23.450,00 €	
8	Janßen	33.450,00 €	27.344,00 €	78.678,00 €	
9	Ulsamer	51.400,00 €	80.200,00 €	79.021,00 €	

   2.2 Im zweiten Schritt soll der kleinste und größte sowie der durchschnittliche Umsatz innerhalb der einzelnen Jahre ermittelt werden. Tragen Sie die jeweiligen Funktionen in die freien Felder in das Arbeitsheft ein und erweitern Sie dann Ihre Tabelle in EXCEL.

	A	B	C	D	E
1	**Goslarer Büromöbel AG**				
2					
3			**Umsätze**		
4	**Name**	**Jahr 1**	**Jahr 2**	**Jahr 3**	**Summe**
5	Ollmann	61.200,00 €	44.100,00 €	67.000,00 €	172.300,00 €
6	Nieland	59.600,00 €	33.020,00 €	61.432,00 €	154.052,00 €
7	Imken	44.900,00 €	34.670,00 €	23.450,00 €	103.020,00 €
8	Janßen	33.450,00 €	27.344,00 €	78.678,00 €	139.472,00 €
9	Ulsamer	51.400,00 €	80.200,00 €	79.021,00 €	210.621,00 €
10	Gesamtumsatz				
11	Minimum:				
12	Maximum:				
13	Durchschnitt:				

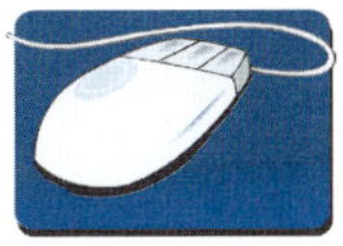

2.3 Im dritten Schritt soll der Anteil der Mitarbeiter am Gesamtumsatz ermittelt werden. Erweitern Sie hierfür Ihre EXCEL-Tabelle und benutzen Sie für die Berechnung die absolute Adressierung.

	A	B	C	D	E	F
1	**Goslarer Büromöbel AG**					
2						
3			**Umsätze**			
4	**Name**	**Jahr 1**	**Jahr 2**	**Jahr 3**	**Summe**	**Anteil am Gesamtumsatz in Prozent**
5	Ollmann	61.200,00 €	44.100,00 €	67.000,00 €	**172.300,00 €**	
6	Nieland	59.600,00 €	33.020,00 €	61.432,00 €	**154.052,00 €**	
7	Imken	44.900,00 €	34.670,00 €	23.450,00 €	**103.020,00 €**	
8	Janßen	33.450,00 €	27.344,00 €	78.678,00 €	**139.472,00 €**	
9	Ulsamer	51.400,00 €	80.200,00 €	79.021,00 €	**210.621,00 €**	
10	Gesamtumsatz				**779.465,00 €**	
11	Minimum:	**33.450,00 €**	**27.344,00 €**	**23.450,00 €**	**103.020,00 €**	
12	Maximum:	**61.200,00 €**	**80.200,00 €**	**79.021,00 €**	**779.465,00 €**	
13	Durchschnitt:	**50.110,00 €**	**43.866,80 €**	**61.916,20 €**	**259.821,67 €**	

2.4 Erklären Sie den Unterschied zwischen relativen und absoluten Zellbezügen.

2.5 Bei Bedarf können Sie jetzt noch eine Rangfolge der einzelnen Mitarbeiter bilden. Erweitern Sie letztmalig Ihre Tabelle in EXCEL und legen Sie den jeweiligen Rang fest. Übernehmen Sie die Rangfolge in das Arbeitsheft.

Rang	Name
1. Platz	
2. Platz	
3. Platz	
4. Platz	
5. Platz	

3. In EXCEL können Tabellen optisch formatiert werden. Hierzu gehört beispielsweise die farbliche Gestaltung, die Veränderung der Schriftgrößen und Schriftarten.

3.1 Erklären Sie die Bedeutung ausgewählter Icons/Buttons, die in Zusammenhang mit der Formatierung von EXCEL-Tabellen stehen.

	Icon	Bedeutung
1.	Arial ▾	
2.	10 ▾	
3.	**F**	
4.	***K***	
5.	**U**	
6.		
7.		
8.		
9.		
10.		
11.	€	

	Icon	Bedeutung
12.	%	
13.	000	
14.	+,0 ,00	
15.	,00 +,0	
16.	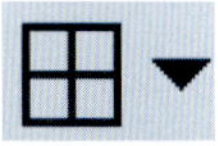	
17.		
18.	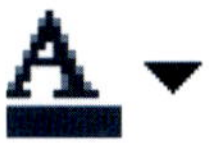	

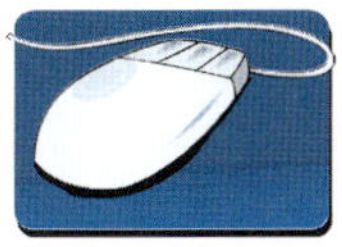

3.2 Übernehmen Sie die folgende Tabelle inklusive der Formatierungen in EXCEL. Beachten Sie dabei folgende Bearbeitungshinweise:

- Verwenden Sie die dazugehörigen Formeln.
- Die Tabelle soll universell einsetzbar sein.
- Die Tabelle soll auf eine Seite passen.

	A	B	C	D	E
1	**Nebenkostenabrechnung im Jahr 20...**				
2					
3	1.	Grundsteuer		344,00 €	
4	2.	Entwässerungs- und Deichbeiträge		36,00 €	
5	3.	Gebäudeversicherung		289,00 €	
6	4.	Gebäudehaftpflicht		54,00 €	
7	5.	Abfallgebühren		198,00 €	
8	6.	Schornsteinfeger		81,00 €	
9	7.	Heizungswartung		72,00 €	
10					
11		*Summe der Nebenkosten zum 31.12.20...*			
12					
13		*Vorauszahlungen*		1.000,00 €	
14					
15		Endsumme			
16					

Schulbuch S. 196–201

2 Daten mithilfe von EXCEL grafisch darstellen

Situation:

Für ein Marketing-Meeting bei der Goslarer Büromöbel AG soll eine Präsentation vorbereitet werden. Hierfür möchte der Abteilungsleiter Timo Frei die aktuellen Zahlen seiner Abteilung grafisch aufbereitet haben. Aus diesem Grund bittet er die Produktmanagerin Sarah Millé diese Aufnahme zu übernehmen. Folgende Zahlen liegen Frau Millé jetzt schon vor:

Interne Mitteilung

Goslarer Büromöbel AG

an: Sarah Millé (Marketing)
von: Frank Heim

Abteilung: Buchhaltung
Datum: 26.01.20..
Zeichen: hei

Informationen zu den Vertreterumsätzen im 4. Quartal 20..

Vertretrumsätze im 4. Quartal 20..				
Name	**Oktober**	**November**	**Dezember**	**Summe**
Ollmann	5 100,00 EUR	4 000,00 EUR	4 900,00 EUR	14 000,00 EUR
Nieland	2 900,00 EUR	1 600,00 EUR	6 800,00 EUR	11 300,00 EUR
Imken	3 500,00 EUR	2 000,00 EUR	5 700,00 EUR	11 200,00 EUR
Janßen	3 800,00 EUR	2 200,00 EUR	6 000,00 EUR	12 000,00 EUR
Ulsamer	4 800,00 EUR	3 200,00 EUR	7 800,00 EUR	15 800,00 EUR

Mit freundlichen Grüßen

Frank Heim

Frau Millé kommt auf die Idee, die Zahlen in EXCEL zu übernehmen, um anschließend ein schönes Diagramm erstellen zu können. Da sie schon lange nicht mehr mit EXCEL gearbeitet hat, bereitet ihr das Erstellen des Diagrammes schon einige Probleme. *„Wie bekomme ich nur die Achsen beschriftet und einen passenden Diagrammtitel hin"*, seufzt sie. Nach einigen Stunden hat sie es aber doch geschafft! Ein schönes Kreis- bzw. Tortendiagramm ist entstanden – ob das der richtige Diagrammtyp ist?

Arbeitsaufträge:

1. Mithilfe von EXCEL lassen sich verschiedene Diagrammtypen erstellen.

   1.1 Erläutern Sie, warum das Präsentieren von Diagrammen bzw. Grafiken bei einem Meeting besser geeignet ist, als das bloße Auflisten von Zahlenmaterial.

   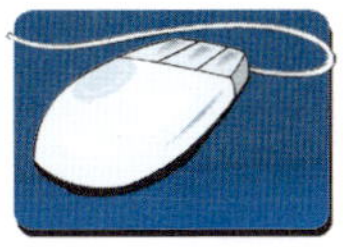

   1.2 Nennen Sie die vier meist verwendeten Diagrammtypen von EXCEL und erstellen Sie jeweils eine kleine Skizze dazu.

   ➤ Diagrammtyp: ____________________

   ➤ Diagrammtyp: ____________________

11 Merkur-Nr. 1587

➤ Diagrammtyp: ______________________________

➤ Diagrammtyp: ______________________________

1.3 Die von Ihnen gesammelten Diagrammtypen unterscheiden sich nicht nur optisch, denn jeder Diagrammtyp hat seine Stärken und Schwächen. Das heißt, dass häufig der Diagrammtyp schon durch die Ausgangsdaten oder die Zielgruppe vorgegeben ist.

1.3.1 Geben Sie für die vier meist verwendeten Diagrammtypen in EXCEL den optimalen Einsatzbereich bzw. deren Funktion an.

Diagrammtyp:	**Diagrammtyp:**
______________________	______________________
➤ ____________________	➤ ____________________
➤ ____________________	➤ ____________________
➤ ____________________	➤ ____________________
➤ ____________________	➤ ____________________
➤ ____________________	➤ ____________________
➤ ____________________	➤ ____________________

Diagrammtyp:	**Diagrammtyp:**
______________	______________
➤ ______________	➤ ______________
➤ ______________	➤ ______________
➤ ______________	➤ ______________
➤ ______________	➤ ______________
➤ ______________	➤ ______________
➤ ______________	➤ ______________

1.3.2 Wählen Sie für Frau Millé den optimalen Diagrammtypen aus. Begründen Sie Ihre Entscheidung.

optimaler Diagrammtyp	

Begründung:

____

____

____

____

____

2. 2.1 Übernehmen Sie die Tabelle aus der Ausgangssituation in EXCEL. Erstellen Sie anschließend das passende Diagramm. Beachten Sie dabei folgende Bearbeitungshinweise:

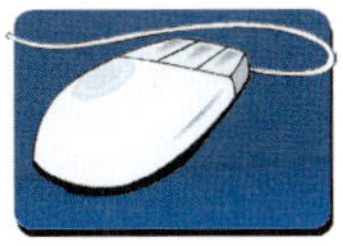

- ➤ Verwenden Sie die dazugehörigen Formeln.
- ➤ Die Tabelle soll universell einsetzbar sein.
- ➤ Die Tabelle soll auf eine Seite passen.
- ➤ Die Tabelle soll optisch (nützlich) aufbereitet sein.
- ➤ Das Diagramm soll mindestens folgende Kriterien erfüllen:
  - Diagrammtitel,
  - Achsentitel und -beschriftungen,
  - Legende.

2.2 Erstellen Sie für Frau Millé eine sogenannte **KLICK-ANLEITUNG** für das Erstellen von Diagrammen in EXCEL.

Beispiel:

- Zellen markieren (deren Inhalte im Diagramm erscheinen sollen)
- Klick auf Einfügen-Menüleiste
- ...

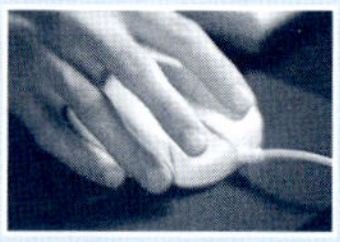

KLICK-ANLEITUNG zur Diagrammerstellung

2.3 Überprüfen Sie die Richtigkeit der KLICK-ANLEITUNG Ihres Sitznachbarn, indem Sie die folgende Tabelle mithilfe seiner erstellten KLICK-ANLEITUNG selbstständig in ein Diagramm umwandeln.

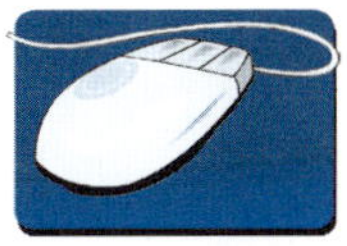

Interne Mitteilung

GB Goslarer Büromöbel AG

an: Sara Millé (Marketing)
von: René Pryleva

Abteilung: Marketing
Datum: 28.01.20..
Zeichen: pry

Entwicklung der Marktanteile in den Jahren 1 bis 7 in %

Land	Jahr 1	Jahr 2	Jahr 3	Jahr 4	Jahr 5	Jahr 6	Jahr 7
Deutschland	6 %	8 %	17 %	22 %	24 %	24 %	26 %
Österreich	3 %	2 %	6 %	7 %	6 %	14 %	17 %
Schweiz	4 %	5 %	12 %	11 %	14 %	17 %	22 %
Niederlande	2 %	3 %	2 %	8 %	9 %	9 %	13 %

Mit freundlichen Grüßen

René Pryleva

2.4 Die Diagramme sollen auf dem Meeting per Präsentationssoftware präsentiert werden. Hierfür werden die Diagramme einfach kopiert.

2.4.1 Kopieren Sie Ihre fertigen Diagramme in eine Präsentationssoftware Ihrer Wahl.

2.4.2 Skizzieren Sie, welche Probleme beim Einfügen der Diagramme entstehen können und wie diese ggf. behoben werden können.

Probleme	Lösungen

Schulbuch S. 166–202

3 Eine Präsentation mithilfe einer Präsentationssoftware vorbereiten, durchführen und auswerten

Situation:

Für die Jahreshauptversammlung der Goslarer Büromöbel AG wird eine neue Präsentation benötigt. Herr Werner, Vorstandsmitglied der Goslarer Büromöbel AG, schreibt aus diesem Grund Herrn Ludewig, den Abteilungsleiter der EDV, per Mail an.

GB Goslarer Büromöbel AG

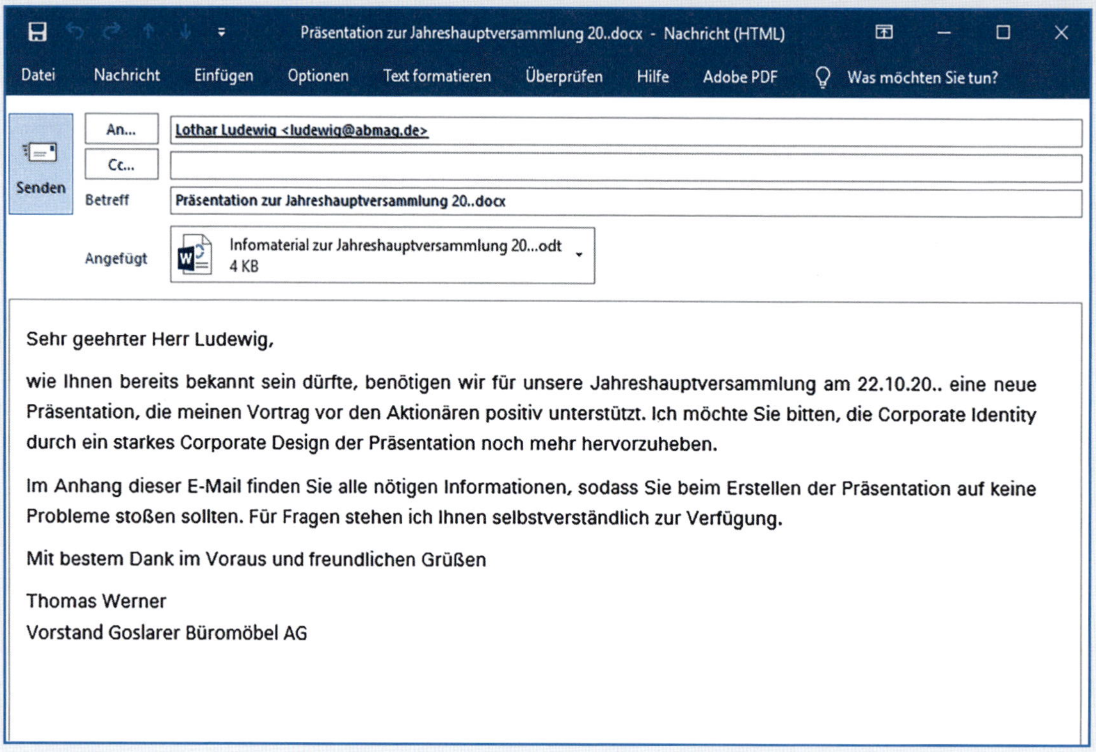

Sehr geehrter Herr Ludewig,

wie Ihnen bereits bekannt sein dürfte, benötigen wir für unsere Jahreshauptversammlung am 22.10.20.. eine neue Präsentation, die meinen Vortrag vor den Aktionären positiv unterstützt. Ich möchte Sie bitten, die Corporate Identity durch ein starkes Corporate Design der Präsentation noch mehr hervorzuheben.

Im Anhang dieser E-Mail finden Sie alle nötigen Informationen, sodass Sie beim Erstellen der Präsentation auf keine Probleme stoßen sollten. Für Fragen stehen ich Ihnen selbstverständlich zur Verfügung.

Mit bestem Dank im Voraus und freundlichen Grüßen

Thomas Werner
Vorstand Goslarer Büromöbel AG

Beim Öffnen und Lesen der E-Mail muss Herr Ludewig schmunzeln. *„Jedes Jahr dieselbe E-Mail. Ich ändere ein paar Farben und schiebe das Logo in eine andere Ecke und gut ist. Viel wichtiger wäre es doch, dass er sich endlich mal besser vorbereitet und nicht immer alles abliest, was ich ihm als Stichpunkte auf die Folien schreibe."*

Arbeitsaufträge:

Hinweis:

Berücksichtigen Sie bei der Bearbeitung der folgenden Arbeitsaufträge den Auszug aus dem „Lexikon für Büromanagement" (Material 1).

1. Mithilfe einer geeigneten Präsentationssoftware lassen sich in relativ kurzer Zeit Präsentationen erstellen, die einen Vortrag sinnvoll unterstützen können. Beim Erstellen einer solchen Präsentation sind folgende **4 Punkte** von besonderer Bedeutung:
   - Inhalt,
   - Gestaltung,
   - technische Kenntnisse und Ausstattung,
   - Kommunikation.

1.1 Inhalt

Der Inhalt wird mithilfe einer Präsentationssoftware, wie beispielsweise Microsoft PowerPoint, aufbereitet und präsentiert. Dabei haben die einzelnen Phasen innerhalb einer Präsentation Auswirkungen auf den Inhalt. Im Allgemeinen sollte eine Präsentation **3 Phasen** durchlaufen:

- Einstiegsphase,
- Informationsphase und
- Abschlussphase.

Nennen Sie wesentliche Punkte, die bezogen auf den Inhalt beachtet werden müssen.

Einstiegsphase
Beispiel: Struktur offenlegen

↓

Informationsphase
Beispiel: Niveau der Zielgruppe beachten

↓

Abschlussphase
Beispiel: Zusammenfassung

1.2 Gestaltung

Eine Präsentation muss von der **Gestaltung** bzw. dem **Design** passend zum Inhalt sein.

Beispiel:
Bei einer Präsentation über einen Fußballverein sollten die Vereinsfarben und das entsprechende Logo verwendet werden.

Es wird in diesem Zusammenhang von Corporate Design gesprochen.

1.2.1 Nennen Sie weitere gestalterische Möglichkeiten, die eine Präsentationssoftware bietet, um das Corporate Design zu verdeutlichen.

Corporate Design
➤ Farbwahl (Beispiel: Farben des Unternehmens wählen)
➤ Logo (Beispiel: Firmenlogo auf Masterfolie einbauen)
➤
➤
➤
➤
➤

1.2.2 Um das Corporate Design in einer Präsentation durchgängig zu gewährleisten, sollte bei einer Präsentationssoftware der Folienmaster verwendet werden.

Beschreiben Sie mit eigenen Worten die Vor- und Nachteile eines Folienmasters.

1.2.3 Sollte die Farbwahl nicht schon durch das Thema vorgegeben worden sein (Stichwort: Corporate Design), ist darauf zu achten, dass die Farben entsprechend ihrer Bedeutung eingesetzt werden.

Ordnen Sie den folgenden Farben die passende Bedeutung zu und ergänzen Sie bei Bedarf.

rot	Distanz &
gelb	Warm &
blau	Fröhlich &
grün	Rein &
schwarz	Glücklich &
orange	Hoffnung &
braun	Gemütlich &
weiß	Energie &
	Warm &

1.2.4 Der Spruch *„Ein Bild sagt mehr als 1000 Worte"* gilt auch für die Verwendung von Bildern, Grafiken, Videos oder Animationen in PowerPoint.

Erklären Sie, worauf bei der Auswahl von Bildern, Grafiken, Videos und Animationen für eine PowerPoint-Präsentation zu achten ist.

1.2.5 Neben dem Corporate Design einer Präsentation muss auch der sogenannte „Rote Faden" innerhalb der Präsentation sichtbar sein. Dieser lässt sich mithilfe von PowerPoint erkennbar machen.

Zeigen Sie skizzenhaft Möglichkeiten auf, den „Roten Faden" bzw. eine Struktur innerhalb einer Präsentation offenzulegen. Seien Sie kreativ!

Beispiel 1:

Einstiegsfolie:

Beispiel 2:

Einstiegsfolie:

Inhaltsfolie:

Inhaltsfolie:

Abschlussfolie:

Abschlussfolie:

1.3 **Technische Kenntnisse und Ausstattung**

Neben der Wahl der passenden Präsentationssoftware sollte auch der Umgang mit dieser beherrscht werden. Um eine Präsentation ordnungsgemäß durchführen zu können, wird bestimmte Hard- und Software benötigt.

Erstellen Sie eine kurze Checkliste über die benötigte Hard- und Software für eine Präsentation:

1.4 Kommunikation

Sobald eine Präsentation erstellt ist und alle technischen Fragen geklärt sind, kann es an das Einstudieren der Präsentation gehen. Hierbei spielt die Kommunikation beim Vortragen eine bedeutende Rolle.

Erstellen Sie eine Mindmap zum Thema „Verbale und non-verbale Kommunikation bei einer Präsentation mit PowerPoint".

2. **Präsentationen erstellen**

   Erstellen Sie eine kurze Präsentation mit einer Präsentationssoftware Ihrer Wahl. Verwenden Sie im Idealfall den Folienmaster. Tauschen Sie Ihre fertige Präsentation mit Ihrem Nachbarn aus und geben Sie sich gegenseitig Tipps für die Verbesserung der Präsentationen. Bearbeiten Sie bei Bedarf Ihre Präsentation.

3. **Präsentation bewerten**

   Um eine Präsentation bewerten zu können oder auch um eine persönliche Rückmeldung zu einer Präsentation zu erhalten ist es ratsam, einen Bewertungs- oder Reflexionsbogen zu erstellen.

   Füllen Sie den vorgefertigten Bewertungs-/Reflexionsbogen aus. Tragen Sie die für Sie persönlich wichtigsten Bewertungs-/Reflexionsmerkmale ein. Überlegen Sie sich anschließend ein einheitliches Bewertungsraster bzw. eine -skala.

	Beschreibung	Bewertungsraster
Inhalt		
Gestaltung/Design		
Kommunikation		
technische Kenntnisse		

4. **Präsentation halten**

   Präsentieren Sie Ihre Präsentation der Klasse. Lassen Sie Ihre Präsentation mithilfe eines Bewertungs-/Reflexionsbogen bewerten.

Material 1: Auszug aus dem Lexikon für Büromanagement

Präsentation gestalten mit PowerPoint

1. Corporate Design

Das Corporate Design ist Bestandteil des Corporate Identity. Corporate Identity bezeichnet die unverwechselbare bzw. einzigartige Unternehmensidentität. Diese Identität kann sich in vielen Bereichen widerspiegeln, so auch in dem Design der Präsentationsfolien. Ziel ist es, der Präsentation ein unverwechselbares Erscheinungsbild zu geben, durch das das Corporate Design des Unternehmens erkennbar wird. Das heißt, es sollte sich z.B. das Logo des Unternehmens in der Präsentation wiederfinden sowie die unternehmenstypischen Farben verwendet werden. Diese Maßnahmen tragen dazu bei, dass die Präsentation ein Teil des Corporate Identity des Unternehmens wird.

2. Erste Schritte in Microsoft PowerPoint

Microsoft PowerPoint kann überall dort gestartet werden, wo eine lokale Verknüpfung mit diesem Programm besteht. In der Regel wird beim Installieren der Software unter Windows der folgende Pfad automatisch gewählt: Start/Alle Programme/Microsoft Office/ PowerPoint.

Selbstverständlich lässt sich auch ohne Probleme z.B. eine Verknüpfung auf dem Desktop erstellen. Sollten bereits PowerPoint-Dateien auf dem Computer bestehen, können diese z.B. durch „Doppelklick" geöffnet werden.

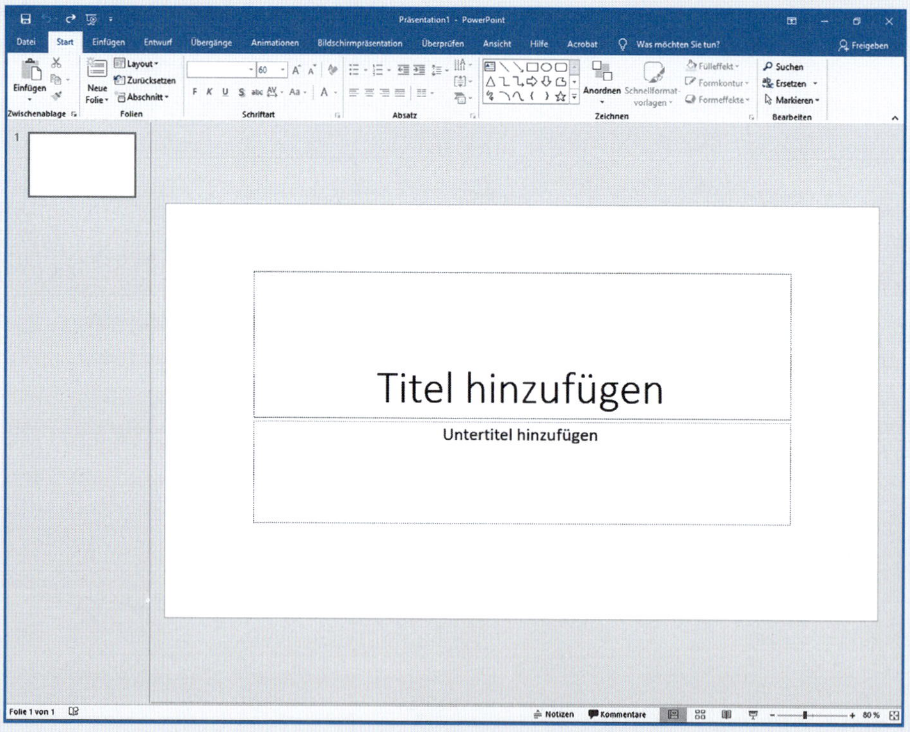

Anschließend können Sie z.B. die Folien beschriften und gestalten sowie neue Folien hinzufügen.

3. Einsetzen des Folienmasters

Der Folienmaster bietet die Möglichkeit, eine Masterfolie (Meisterfolie) zu erstellen. Diese Folie ist den anderen Folien überlegen. Das heißt, alle Informationen, Folienlayouts und Formatierungen wie z.B. Folienfarben, Schriftarten, Effekte oder Positionierungen der Inhalte werden hier gespeichert und gelten fortan für alle Folien der Präsentation.

In der Regel enthält jede Präsentation einen Folienmaster, in dem alle Einstellungen für die gesamte Präsentation vorgenommen werden können. Auch wenn das Einstellen auf den ersten Blick mühsam erscheint, sparen Sie im weiteren Verlauf der Erstellung der Präsentation viel Zeit. Sie erreichen den Folienmaster über den Punkt *Ansicht* in der Symbolleiste. Wählen Sie den Folienmaster aus.

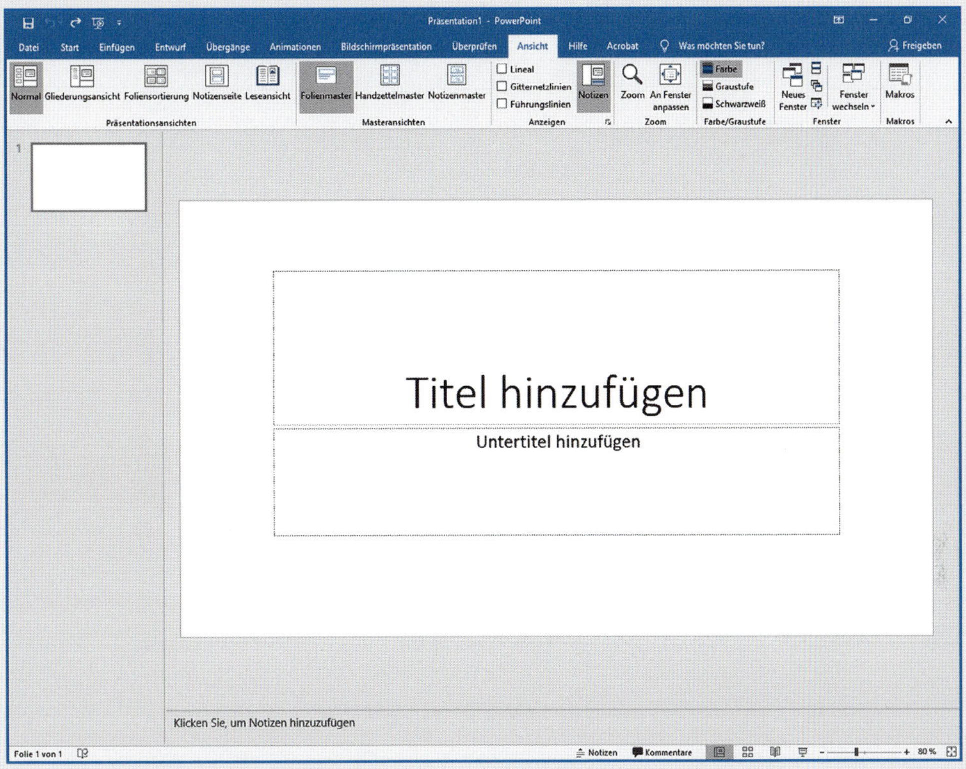

Anschließend haben Sie die Möglichkeit, Ihre gewünschten Einstellungen detailliert vorzunehmen.

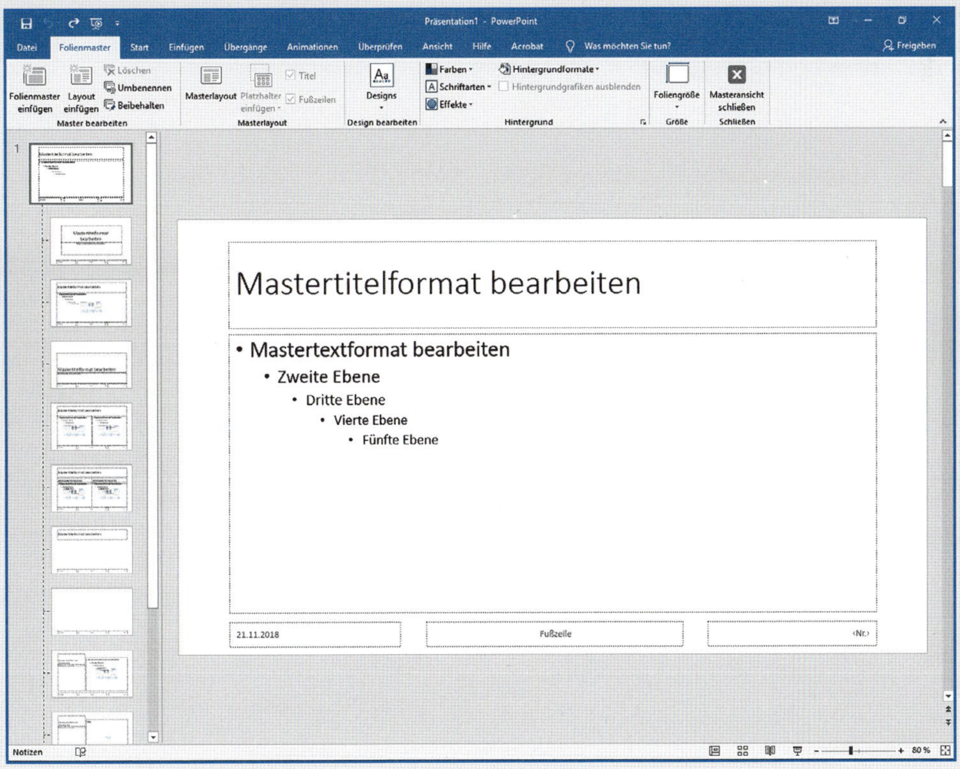

4. Auswahl von Bildern und Grafiken

Eine Präsentation mit Powerpoint sollte möglichst keinen Fließtext enthalten. Es ist oft sehr schwer, gewisse Zusammenhänge mit Texten bzw. Stichpunkten zu beschreiben. Hier können Grafiken und Bilder die Präsentation sinnvoll ergänzen und unterstützen. Sie haben die Möglichkeit Bilder, Grafiken, ClipArts, Diagramme und Formen etc. über den Punkt *Einfügen* in den Gruppen *Bilder* und *Illustrationen* in der Multifunktionsleiste auszuwählen.

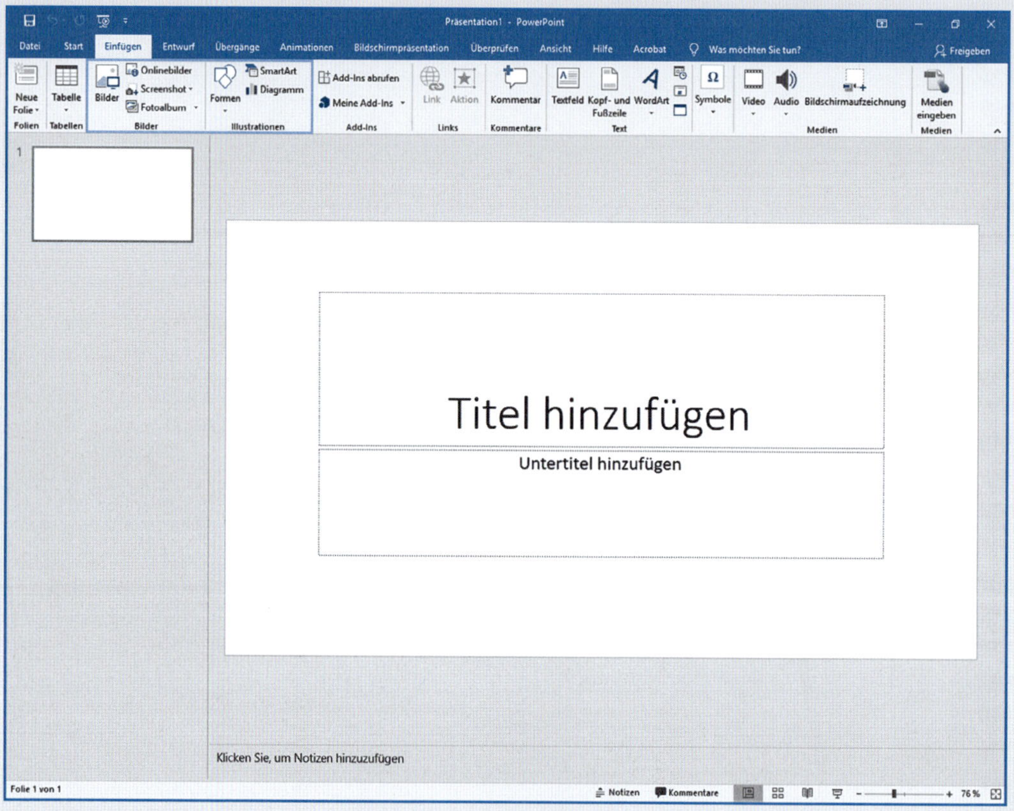

Anschließend haben Sie beispielsweise die Möglichkeit, Ihre gewünschte Datei auszuwählen und einzufügen.

5. Kommunikative Regeln im Rahmen einer PowerPoint-Präsentation beachten

➤ Verbal kommunizieren

Verständlichkeit	Modulation der Stimme
Die Präsentation muss von den Zuhörern inhaltlich verstanden werden. Aus diesem Grund hängt es von der Fachkompetenz des Publikums ab, welche Fachbegriffe im Vortrag verwendet werden können. Fremdwörter sollten nur verwendet werden, wenn es keine entsprechenden deutschen Begriffe gibt oder sie jedem geläufig sind.	Die Präsentation wirkt auf den Zuhörer lebendiger und abwechslungsreicher, wenn der Referent seine Stimme in Melodie, Klangfarbe, Lautstärke und Betonung variiert (Modulation). Der Vortrag wird dynamischer und das Publikum hat einen höheren Unterhaltungswert. Das Sprechtempo darf weder zu schnell noch zu langsam sein.

➤ Non-verbal kommunizieren: Körpersprache einsetzen

Die Körpersprache ist die Sprache „ohne Worte". Sie erfolgt nomalerweise unbewusst, unwillkürlich und unbeabsichtigt. Die Körpersprache trifft Aussagen, vermittelt Botschaften.

Zur Körpersprache gehören Blickkontakt, Mimik, Gestik und Körperhaltung.

Blickkontakt	Der direkte Blickkontakt ist eines der wichtigsten Mittel, um Verbindung zum Publikum aufzunehmen und zu halten. Ein Blick kann ruhig, freundlich, ablehnend, gelangweilt usw. sein. Zuhörer, die während einer Präsentation selten oder gar nicht angeschaut werden, sind oft unaufmerksamer, weil sie sich vom Redner nicht beachtet und angesprochen fühlen.
Mimik	Unter Mimik versteht man den Gesichtsausdruck, d.h. das Mienen- und Gebärdenspiel des menschlichen Gesichts. Mimik spielt sich zwischen der Stirn und dem Kinn ab. Bei der Präsentation sollte keine einstudierte, starre Mimik eingesetzt werden. Eine positive Wirkung auf das Publikum hat eine natürliche, abwechslungsreiche Mimik: Der Gesichtsausdruck ist mal interessiert, mal überrascht, mal lächelnd usw.
Gestik	Unter Gestik versteht man die Ausdrucksbewegungen des Körpers, insbesondere von Kopf, Arm, Hand und den Fingern. Gesten verstärken das Gesagte und sollten mit diesem übereinstimmen. Setzt man sie während der gesamten Präsentation auf die gleiche Weise ein, lässt die Wirkung auf das Publikum nach.
Körperhaltung	Auch die Körperhaltung, d.h. die Bewegung des Kopfes, des Oberkörpers und der Beine, vermittelt deutliche Signale. Für die Präsentation sollte eine offene und sichere Körperhaltung angenommen werden. Beim Sprechen wendet man sich dem Publikum zu und nimmt eine lockere, möglichst natürliche Haltung an, ohne die Arme und Beine zu verschränken. Bei einer Präsentation ist es üblich zu stehen.

Lerngebiet 11.3: Werte und Werteströme unter Einsatz einer integrierten ERP-Software erfassen, darstellen und auswerten

Schulbuch S. 215–217

1 Das Konto Kasse führen

Situation:

Obwohl in der heutigen Zeit die meisten Geschäfte bargeldlos getätigt werden, sind Vorgänge, die in bar abgewickelt werden, keine Seltenheit. Frau Topak, Mitarbeiterin der Buchhaltung, ist bei der Goslarer Büromöbel AG für die Kassenbuchführung zuständig. Jeden Tag hält sie die Einnahmen und Ausgaben chronologisch in einem sogenannten Kassenbuch fest. Gegen 16:00 Uhr bucht sie die im Laufe des Tages angefallenen Zahlungsein- und -ausgänge auf dem Kassenkonto.

GB Goslarer Büromöbel AG

Arbeitsaufträge:

1. Am 14.09.20.. sind die unten aufgeführten Einnahmen und Ausgaben (Material 1) zu verzeichnen gewesen. Halten Sie die Zahlungsvorgänge in dem zur Verfügung stehenden Kassenbuch (Material 2) fest.
2. Buchen Sie anschließend die Zahlungsein- und -ausgänge auf dem Kassenkonto (Material 3) und schließen Sie es ab.
3. Ermitteln Sie, mit welchem Anfangsbestand das Kassenkonto am nächsten Tag neu eröffnet wird.

Anfangsbestand am 15.09.20..	

Material 1: Zahlungsvorgänge in bar am 14.09.20..

1	Barzahlung eines Kunden	500,00 EUR
2	Zahlung einer Handwerkerleistung bar	700,00 EUR
3	Zahlung an den Fensterputzer bar	350,00 EUR
4	Reisender gibt nicht benötigte Reisespesen zurück	200,00 EUR
5	Zahlung für Telefongebühren bar	165,00 EUR
6	Kauf von Kuchen in der Bäckerei zur Bewirtung	50,00 EUR
7	Verkauf eines Bürostuhls an einen Mitarbeiter bar	120,00 EUR
8	Barspende an das Rote Kreuz	100,00 EUR
9	Lohnvorschuss bar	750,00 EUR
10	Kauf von Büromaterial bar	60,00 EUR
11	Aufgabe einer Zeitungsannonce bar	80,00 EUR
12	Barzahlung an einen Spediteur	1000,00 EUR
13	Abhebung vom Bankkonto und Einzahlung in die Kasse bar	2000,00 EUR
14	Mieteinnahme bar	400,00 EUR
15	Zahlung der Gehälter bar	1850,00 EUR
16	Zahlung von Transportkosten bar	250,00 EUR
17	Spesen für eine Geschäftsreise des Verkaufsleiters	600,00 EUR
18	Kauf einer Schreibtischlampe bar	180,00 EUR

Material 2: Kassenbuch

Kassenbuch am 14.09.20.. (in EUR)		
Vorgang	**Einnahmen**	**Ausgaben**
Kassenanfangsbestand	3500,00	
Kassenschlussbestand (16:00 Uhr)		

Material 3: Konto Kasse

Soll		Kasse (in EUR)	Haben
Kassenanfangsbestand	3 500,00		

Schulbuch
S. 220–223

2 Die Inventur durchführen und das Inventar erstellen

Situation:

Ende des Jahres stehen bei der Goslarer Büromöbel AG die Jahresabschlussarbeiten an. René Drawe, Mitarbeiter der Buchhaltungsabteilung, erhält die Aufgabe, die jährliche Inventur durchzuführen. Zu diesem Zweck begibt er sich ins Lager für Fertigerzeugnisse, um zu prüfen, welche Mengen auf Lager liegen. Zudem stellt ihm seine Kollegin Eva Sammer eine Liste mit den übrigen Vermögens- und Schuldenwerten des Unternehmens zur Verfügung.

GB Goslarer Büromöbel AG

Arbeitsaufträge:

1. Erläutern und begründen Sie, warum ein Kaufmann eine Inventur macht.

2. René Drawe hat im Rahmen der Inventur die Herstellkosten und die Lagerbestände in Stück für die von der Goslarer Büromöbel AG hergestellten Erzeugnisse ermittelt. Vervollständigen Sie die Inventuraufnahmeliste (Material 1), indem Sie den Wert der Lagerbestände in Euro berechnen.
3. Ermitteln Sie, wie viel Euro der gesamte Lagerbestand an Fertigerzeugnissen (Material 1) beträgt.
4. In der von Eva Sammer zur Verfügung gestellten Liste der übrigen Vermögens- und Schuldenwerte (Material 4) fehlen einige Werte. Vervollständigen Sie die Liste mithilfe von Material 1 – Material 3, indem Sie die fehlenden Werte an der entsprechenden Stelle eintragen.
5. Erstellen Sie für die Goslarer Büromöbel AG das Inventar zum 31. 12. 20. . (Material 5).
6. Die Herstellkosten von 50 Rollcontainern Lilibe (Art.-Nr. A-1101100) betragen 14 700,00 EUR. Berechnen Sie, wie hoch die Herstellkosten für 110 Stück sind.

7. Der Vorräte bezüglich des Konferenz- und Seminarstuhls Meeting (Art.-Nr. A-1401130) reichen bei einem täglichen Verkauf von 50 Stück noch 8 Tage. Berechnen Sie, wie viele Tage der Vorrat reicht, wenn täglich nur 20 Stück verkauft werden.

Material 1: Inventuraufnahmeliste

Inventuraufnahmeliste

Goslarer Büromöbel AG

Inventurergebnisse vom 31.12.20..

Übersicht über Fertigerzeugnisse

Produkt-gruppe	Produkt Art.-Nr.	Produktbeschreibung	Herstell-kosten in EUR	Lager-bestand in Stück	Lager-bestand in EUR
1	Denver A-1001100	Schreibtisch; Oberfläche der Tischplatte versiegelt	170,00	150	
	Starlight A-1002100 A-1002101	Solitärschreibtisch in Nierenform aus Massivholz; Oberfläche der Tischplatte versiegelt	610,00	135	
	Future A-1003110	Schreibtisch; Rahmen aus Stahlrohr, pulverbeschichtet; Glastischplatte	330,00	90	
2	Tiamo A-1100100 A-1100101	Rollcontainer mit drei Schubladen und Zahlbrettschieber; Holzgriffe; zentrales Sicherheitsschloss; Oberfläche versiegelt	335,00	145	
	Lilibe A-1101100 A-1101101	Rollcontainer, Schublade und Karteikarteneinsatz; Holzgriffe; zentrales Sicherheitsschloss, Oberfläche versiegelt	294,00	150	
3	Logo A-1200100 A-1200101 A-1200102	Konferenztisch, Rahmen pulverbeschichtet; Spanplatte in blau, lichtgrau oder graphit mit Melamin beschichtet	262,00	100	
	Basic G A-1201100	Konferenztisch aus Massivholz; versiegelt; erweiterbar zu Arbeitsinseln	355,00	120	
	Noris A-1202100	Konferenztisch aus Massivholz; geölt	226,00	180	
4	Solito A-1300100 A-1300101	Regalsystem aus Massivholz; drei eingebaute Schubladen; Sockelhöhenverstellung; geölt	815,00	75	
	Mixt A-1301100	Regal aus beschichteten Spanplatten; wahlweise in blau, lichtgrau oder graphit	382,00	93	
5	Visit A-1400100 A-1400101 A-1400102	Konferenzstuhl; Rahmen pulverbeschichtet; mit Armlehnen; Sitz und Rücken umpolstert; Stoffbezug wahlweise in blau, lichtgrau oder graphit; stapelbar	27,00	350	
	Meeting A-1401100	Konferenz- und Seminarstuhl verchromt; ohne Armlehnen; Formschale aus massiver Buche; verkettbar und stapelbar; Gleiter	56,00	400	
6	Smile A-1500100	Bürostuhl mit Armlehnen; ergonomischer Muldensitz; Kopfstütze und Rückenlehne verstellbar; Synchronmechanik; Sicherheitsrollen; schwarz	361,00	110	
	Verdan A-1501100	Bürostuhl mit Ring-Armlehnen; Bandscheibensitz; verstellbare Rückenlehne mit Formschaumpolsterung, grau gefärbt	52,00	150	
7	sonstige Produkt-gruppen	Büroschränke, PC-Möbel, Möbel für den Empfangsbereich und Hocker	–	–	214 284,00
				Lager-bestand-(gesamt)	

Material 2: Kundenliste

Kundenliste mit offenen Posten zum 31. Dezember 20..				
Kd.-Nr.	**Firma**	**Telefon**	**Offene Posten**	**Ansprechpartner**
2401	Gertrud Brandt KG	040 121-0	82500,00 EUR	Frau Haberting
2402	Junges Wohnen GmbH	0421 20555-50	243620,00 EUR	Herr Langemaas
2403	Möblix GmbH	030 301020	145210,00 EUR	Herr Trüün jr.
2404	Westmoor KG	05235 887366	387220,00 EUR	Herr Helmers
2405	Büroausstatter Winter OHG	089 48067	95201,00 EUR	Frau Wiggers
2406	Brandes GmbH & Co. KG	0341 147-1633	195865,00 EUR	Herr Sandberg
2407	Innovation AG	0351 2033-0	56502,00 EUR	Frau Lamberti
2408	Weyermann & Söhne KG	07026 459163	75890,00 EUR	Herr Baum
2409	Bleibtreu GmbH	02161 219693	66520,00 EUR	Frau Winter
2499	Sonstige Kunden		71472,00 EUR	

Material 3: Lieferantenliste

Lieferantenliste mit offenen Posten zum 31. Dezember 20..				
Lief.-Nr.	**Firma**	**Telefon**	**Offene Posten**	**Ansprechpartner**
4401	Bernhard Möller OHG	08241 141-0	760400,00 EUR	Frau Reiner
4402	Lenz KG	0911 1212-0	163889,58 EUR	Herr Dubny
4403	Naturholz AG	0821 6310-0	723882,54 EUR	Herr Hain
4404	Holz- & Spanplattenfabrik Bresges GmbH	02161 4001-0	289912,76 EUR	Frau Winkelbach
4405	Schraubenspezialist Müller e. K.	05520 555-0	120051,00 EUR	Herr Kunze
4406	Holzschutz-, Lack- und Leimwerke AG	030 65-0	368524,13 EUR	Frau Wachtel
4407	Blitz-Spedition GmbH	04101 4001-0	27000,00 EUR	Frau Müller
4408	Franz Meyer e. K.	040 555-0	452778,93 EUR	Herr Brinkhaus
4409	Holz Becker KG	07441 5560-75	390556,55 EUR	Herr Rudolf
4499	Sonstige Lieferanten und Dienstleister		553004,51 EUR	

Material 4: Vermögens- und Schuldenwerte

Grundstück	Industriepark 5, 38644 Goslar	1 920 600,00 EUR
Bauten auf eigenen Grundstücken	Fabrikgebäude	2 250 000,00 EUR
	Bürogebäude	1 682 900,00 EUR
Maschinen	Produktionsmaschinen	2 611 850,00 EUR
Fuhrpark	10 Pkw	insgesamt 162 000,00 EUR
	6 Lkw	insgesamt 252 500,00 EUR
	2 Gabelstapler	insgesamt 20 500,00 EUR
Betriebs- und Geschäftsausstattung	EDV-Anlage	216 000,00 EUR
	Büromöbel	398 000,00 EUR
	Kopierer	47 600,00 EUR
	Telefonanlage	28 500,00 EUR
	Faxgeräte	9 550,00 EUR
Roh-, Hilfs- und Betriebsstoffe	Rohstoffe	777 118,00 EUR
	Hilfsstoffe	569 900,00 EUR
	Betriebsstoffe	286 700,00 EUR
Unfertige Erzeugnisse		986 000,00 EUR
Fertigerzeugnisse	siehe Material 1	
Waren		400 000,00 EUR
Forderungen a. L. u. L.	siehe Material 2	
Bankguthaben	Sparkasse Goslar/Harz	725 400,00 EUR
	Commerzbank Goslar	500 482,00 EUR
Kassenbestand		36 570,00 EUR
Darlehen	Postbank Hannover	2 000 000,00 EUR
Verbindlichkeiten a. L. u. L.	siehe Material 3	
Sonstige Verbindlichkeiten	Finanzamt Goslar	286 000,00 EUR

Erläuterungen:

Waren: Hierbei handelt es sich um Produkte, die die Goslarer Büromöbel AG einkauft und unverändert weiterverkauft. Beispiele: Aktenvernichter, Tischkopierer, All-in-one-Drucker u. a.

a. L. u. L.: aus Lieferungen und Leistungen

Material 5: Inventar

Inventar zum 31.12.20..

Goslarer Büromöbel AG

A. Vermögen

I. Anlagevermögen

1. Grundstück Industriepark 5, 38644 Goslar ________ 1 920 600,00 EUR
2. Bauten auf eigenen Grundstücken
   - ➤ ________ ________
   - ➤ ________ ________ ________
3. Maschinen ________
4. Fuhrpark
   - ➤ ________ ________
   - ➤ ________ ________
   - ➤ ________ ________ ________
5. Betriebs- und Geschäftsausstattung
   - ➤ ________ ________
   - ➤ ________ ________
   - ➤ ________ ________
   - ➤ ________ ________
   - ➤ ________ ________ ________

II. Umlaufvermögen

1. Rohstoffe ________
2. Hilfsstoffe ________
3. Betriebsstoffe ________
4. Fertigerzeugnisse ________
5. Unfertige Erzeugnisse ________
6. Waren ________
7. Forderungen a. L. u. L. (lt.Kundenliste) ________
8. Bankguthaben
   - ➤ ________ ________
   - ➤ ________ ________ ________
9. Kassenbestand ________

Summe des Vermögens ________

Inventar zum 31. 12. 20. .

Goslarer Büromöbel AG

B. Schulden	
1. Darlehen Postbank Hannover	
2. Verbindlichkeiten a. L. u. L. (lt. Lieferantenliste)	
3. Verbindlichkeiten gegenüber dem Finanzamt	
Summe der Schulden	
C. Ermittlung des Reinvermögens (Eigenkapitals)	
Summe des Vermögens	
– Summe der Schulden	
= **Reinvermögen (Eigenkapital)**	

Schulbuch
S. 224–229

3 Die Bilanz erstellen

Situation:

Nachdem René Drawe das Inventar erstellt hat, erhält er von Isabell Stern, Leiterin der Buchhaltungsabteilung, den Auftrag, die Bilanz zu erstellen. Hierbei handelt es sich um eine Kurzfassung des Inventars in Kontenform.

Arbeitsaufträge:

1. Erstellen Sie die Bilanz der Goslarer Büromöbel AG zum 31. Dezember 20.. (Material 1).

2. Bearbeiten Sie folgende Aufgaben zur Bilanz:

   2.1 Ermitteln Sie, wie hoch das Gesamtvermögen der Goslarer Büromöbel AG ist.

   ____

   2.2 Berechnen Sie, wie hoch der prozentuale Anteil des Anlage- und Umlaufvermögens an dem Gesamtvermögen (Bilanzsumme) ist.

   2.3 Ermitteln Sie, welchen prozentualen Anteil die Waren am Umlaufvermögen haben.

   2.4 Berechnen Sie das prozentuale Verhältnis zwischen Eigenkapital und Fremdkapital.

2.5 Ermitteln Sie, ob das Anlagevermögen durch das Eigenkapital gedeckt ist.

2.6 Der Büromöbelhersteller Möller KG hat bei einem Gesamtvermögen von 29,75 Mio. EUR ein Eigenkapital von 10,5 Mio. EUR. Begründen Sie rechnerisch, ob die Goslarer Büromöbel AG oder die Möller KG die bessere Eigenkapitalausstattung hat.

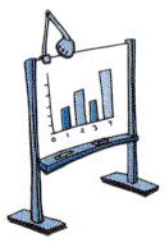

Material 1: Bilanz

Aktiva	Bilanz zum 31.12.20..	Passiva

Goslar, den 5. Januar 20..

Helene Sims

Schulbuch S. 230–232

4 Bilanzveränderungen vornehmen

Situation:

Nachdem René Drawe die Bilanz für das abgelaufene Geschäftsjahr fertiggestellt hat, widmet er sich wieder seiner täglichen Arbeit. Mehrere Belege (B) liegen auf seinem Schreibtisch.

Goslarer Büromöbel AG

Arbeitsaufträge:

1. Stellen Sie fest, welche Auswirkungen der auf dem Beleg 1 dokumentierte Geschäftsvorfall auf die Bilanz der Goslarer Büromöbel AG hat.

B	Betroffene Bilanzpositionen	Auswirkungen in EUR auf die		Anmerkungen*
		Bilanzposition	Bilanzsumme	
1				

* Aktiv-Passiv-Mehrung / Aktivtausch / Aktiv-Passiv-Minderung / Passivtausch

2. Erstellen Sie unter Berücksichtigung der vorgegebenen Bilanz (Material 1) und des dokumentierten Geschäftsvorfalls (Arbeitsauftrag 1) die neue Bilanz (Material 2).

3. In großen Unternehmen sind täglich einige hundert Geschäftsfälle zu bearbeiten. Beschreiben Sie, welchen Nachteil die unter Arbeitsauftrag 2 gewählte Verfahrensweise hat.

____

____

4. Stellen Sie dar, welche Auswirkungen die auf den Belegen 2–5 dokumentierten Geschäftsvorfälle auf die Bilanz der Goslarer Büromöbel AG haben.

B	Betroffene Bilanzpositionen	Auswirkungen in EUR auf die		Anmerkungen*
		Bilanzposition	Bilanzsumme	
2				
3 a				

B	Betroffene Bilanzpositionen	Auswirkungen in EUR auf die		Anmerkungen*
		Bilanzposition	Bilanzsumme	
3b				
4a				
4b				
5				

* Aktiv-Passiv-Mehrung / Aktivtausch / Aktiv-Passiv-Minderung / Passivtausch

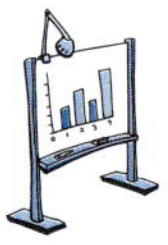

Material 1: Bilanz

Aktiva	**Bilanz zum 31. 12. 20..**		Passiva
Grundstücke und Bauten	5853500,00	Eigenkapital	9896170,00
Techn. Anlagen und Maschinen	2611850,00	Darlehen*	2000000,00
Fuhrpark	435000,00	Verbindlichkeiten a. L. u. L.	3850000,00
Betr.- und Geschäftsausstattung	699650,00	Sonstige Verbindlichkeiten	286000,00
Roh-, Hilfs- und Betriebsstoffe	1633718,00		
Unfertige Erzeugnisse	986000,00		
Fertige Erzeugnisse	730000,00		
Waren	400000,00		
Forderungen a. L. u. L.	1420000,00		
Kassenbestand	36570,00		
Guthaben bei Kreditinstituten	1225882,00		
	16032170,00		16032170,00

* Verbindlichkeiten gegenüber Kreditinstituten.

Material 2: Bilanz nach Geschäftsfall Nr. 1

Aktiva	Bilanz zum 31.12.20..		Passiva
Grundstücke und Bauten		Eigenkapital	
Techn. Anlagen und Maschinen		Darlehen*	
Fuhrpark		Verbindlichkeiten a. L. u. L.	
Betr.- und Geschäftsausstattung		Sonstige Verbindlichkeiten	
Roh-, Hilfs- und Betriebsstoffe			
Unfertige Erzeugnisse			
Fertige Erzeugnisse			
Waren			
Forderungen a. L. u. L.			
Kassenbestand			
Guthaben bei Kreditinstituten			

* Verbindlichkeiten gegenüber Kreditinstituten.

Beleg 1

Horst Delling KG

Laptop Computer

Horst Delling KG · Unterschweinstiege 35 · 60549 Frankfurt
Goslarer Büromöbel AG
Industriepark 5
38644 Goslar

Bei Zahlung bitte angeben:
R.-Nr.: 20-R058200
Datum: 02.01.20..

Lieferung am: 02.01.20..
L.-Nr.: 20-L058200
Lieferbedingung: Frei Haus

Rechnung

Art.-Nr.	Art.-Bezeichnung	Stück	Einzelpreis	Rabatt	Gesamtpreis
09-E550900	Delling-Abylon-Laptop E550900-DE-XX	10	750,00 EUR		7 500,00 EUR
				Rechnungspreis	7 500,00 EUR

Zahlungsziel 30 Tage, innerhalb 10 Tagen 2 % Skonto

Sitz der Gesellschaft: Frankfurt
Geschäftsführung: Horst Delling

RG Frankfurt, HRA 44807
USt-ID-Nr. DE 113 551 138

Telefon 069 9793-0
Telefax 069 34824-9000

Bankverbindung:
SEB AG Frankfurt
BIC: ESSEDE5FXXX
IBAN: DE62 5001 0111 1287 7222 00

Beleg 2

SIK – KAD 8/98 S

Bitte beachten Sie die Hinweise auf der Rückseite

IBAN		BIC
DE63259501300000637526	SPARKASSE HILDESH. GOSLAR PEINE	NOLADE21HIK

Buchungstag	Tag der Wertstellung	Verwendungszweck/Buchungstext	alter Kontostand + 199 320,00
03.01.	03.01.	Lastschrift Bernhard Möller OHG Rechnungs-Nr. 356	– 11 900,00

Goslarer Büromöbel AG
Industriepark 5
38644 Goslar

+ 187 420,00 neuer Kontostand

50/00

UST-ID DE 1463504540	03.01.20.. (Kontoauszug vom)	12 (Auszug)	1 (Blatt)

Beleg 3

SIK – KAD 8/98 S

Bitte beachten Sie die Hinweise auf der Rückseite

IBAN		BIC
DE63259501300000637526	SPARKASSE HILDESH. GOSLAR PEINE	NOLADE21HIK

	Buchungstag	Tag der Wertstellung	Verwendungszweck/Buchungstext	alter Kontostand + 187 420,00
3a	05.01.	05.01.	Geldautomat Sparkasse Goslar/Harz GA NR00005234 IBAN 30414500750000637526	– 1 000,00
3b	05.01.	05.01.	Zahlungseingang Debeka Bausparkasse BS-Darlehen 948335001	+ 15 000,00

Goslarer Büromöbel AG
Industriepark 5
38644 Goslar

+ 201 420,00 neuer Kontostand

50/00

UST-ID DE 1463504540	05.01.20.. (Kontoauszug vom)	13 (Auszug)	1 (Blatt)

Beleg 4

SIK – KAD 8/98 S

Bitte beachten Sie die Hinweise auf der Rückseite

IBAN		BIC
DE63259501300000637526	SPARKASSE HILDESH. GOSLAR PEINE	NOLADE21HIK

	Buchungstag	Tag der Wertstellung	Verwendungszweck/Buchungstext	alter Kontostand + 201 420,00
4a	06.01.	06.01.	Zahlungseingang Gertrud Brandt KG R-NR 12-979	+ 2 261,00
4b	06.01.	06.01.	Lastschrift Naturholz AG Rechnungs-Nr. 362	– 25 585,00

Goslarer Büromöbel AG
Industriepark 5
38644 Goslar

+ 178 096,00 neuer Kontostand

50/00

UST-ID DE 1463504540	06.01.20.. (Kontoauszug vom)	14 (Auszug)	1 (Blatt)

Beleg 5

Interne Buchungsanweisung — Nr. 1

Datum	Text	Betrag
07.01.20..	Die Verbindlichkeit über 12 733,00 EUR an Holz- & Spanplattenwerk Bresges GmbH (Rechnung 4404-22) wird in ein langfristiges Darlehen umgewandelt.	12 733,00 EUR

Schulbuch
S. 234–242

5 Die Bilanz in Konten auflösen

Situation:

Aufgrund der Vielzahl der Geschäftsvorfälle ist klar, dass in der Goslarer Büromöbel AG nicht nach jeder Belegerfassung eine neue Bilanz erstellt werden kann. Aus diesem Grund wird in der Buchführung für jede Bilanzposition ein eigenes Konto eingerichtet, auf dem die durch die Geschäftsvorfälle hervorgerufenen Veränderungen festgehalten werden.

GB Goslarer Büromöbel AG

Arbeitsaufträge:

1. Lösen Sie die Bilanz (Material 1) auf, indem Sie für die einzelnen Bilanzpositionen Konten einrichten (Material 2).
2. Tragen Sie anschließend die Bilanzwerte als Anfangsbestände ein (Material 2).
3. Erfassen Sie nun die Buchungen für die 5 Belege aus der vorangegangenen Situation in dem sogenannten Überlegungsschema (Material 3).
4. Übertragen Sie die Ergebnisse auf die Konten (Material 2) und ermitteln Sie die Schlussbestände.
5. Erstellen Sie die neue Bilanz der Goslarer Büromöbel AG (Material 4).

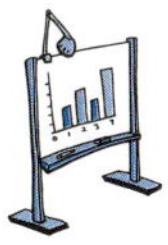

Material 1: Bilanz

Aktiva	Bilanz zum 31.12.20..		Passiva
Grundstücke und Bauten	5853500,00	Eigenkapital	9896170,00
Techn. Anlagen und Maschinen	2611850,00	Darlehen	2000000,00
Fuhrpark	435000,00	Verbindlichkeiten a. L. u. L.	3850000,00
Betr.- und Geschäftsausstattung	699650,00	Sonstige Verbindlichkeiten	286000,00
Roh-, Hilfs- und Betriebsstoffe	1633718,00		
Unfertige Erzeugnisse	986000,00		
Fertige Erzeugnisse	730000,00		
Waren	400000,00		
Forderungen a. L. u. L.	1420000,00		
Kassenbestand	36570,00		
Guthaben bei Kreditinstituten (Bank)	1225882,00		
	16032170,00		16032170,00

Material 2: Konten der Bilanz (Hauptbuch)

Aktivkonten

S Grundstücke und Bauten H

S Fertige Erzeugnisse H

S Techn. Anlagen und Maschinen H

S Waren H

S Fuhrpark H

S Forderungen a. L. u. L. H

S Betr.- u. Geschäftsausstattung H

S Kassenbestand H

S Roh-, Hilfs- und Betriebsstoffe H

S Guthaben bei Kreditinstituten (Bank) H

S Unfertige Erzeugnisse H

Passivkonten

S Eigenkapital H

S Verbindlichkeiten a. L. u. L. H

S Darlehen H

S Sonstige Verbindlichkeiten H

Material 3: Überlegungsschema (Vorstufe zum Grundbuch)

B	Betroffene Konten	Veränderung	Soll	Haben
1				
2				
3 a				
3 b				
4 a				
4 b				
5				

Material 4: Neue Bilanz nach Buchung der Geschäftsvorfälle

Bilanz zum 07.01.20..

Aktiva		Passiva	
Grundstücke und Bauten		Eigenkapital	
Techn. Anlagen und Maschinen		Darlehen	
Fuhrpark		Verbindlichkeiten a. L. u. L.	
Betr.- und Geschäftsausstattung		Sonstige Verbindlichkeiten	
Roh-, Hilfs- und Betriebsstoffe			
Unfertige Erzeugnisse			
Fertige Erzeugnisse			
Waren			
Forderungen a. L. u. L.			
Kassenbestand			
Guthaben bei Kreditinstituten (Bank)			

Schulbuch S. 244–251

6 Einfache und zusammengesetzte Buchungssätze unterscheiden

Situation:

Im Laufe des Tages hat René Drawe als Mitarbeiter der Buchhaltung eine Vielzahl von Geschäftsvorfällen zu bearbeiten. René Drawe bildet zu jedem Geschäftsvorfall einen Buchungssatz und trägt ihn in ein vereinfachtes Überlegungsschema, dem sogenannten Grundbuch, ein. Hierbei muss er zwischen einfachen und zusammengesetzten Buchungssätzen unterscheiden.

GB Goslarer Büromöbel AG

Arbeitsaufträge:

1. Bilden Sie zu den folgenden Geschäftsvorfällen die einfachen Buchungssätze und tragen Sie sie in das zur Verfügung stehende Grundbuch ein.

Geschäftsvorfälle:

a) Wir kaufen Notebooks für unsere Außendienstmitarbeiter im Wert von 10000,00 EUR auf Ziel.
b) Wir zahlen eine Lieferantenrechnung durch Banküberweisung: 5000,00 EUR.
c) Wir verkaufen einen gebrauchten Firmenwagen für 14000,00 EUR bar.
d) Ein Kunde zahlt eine Rechnung durch Banküberweisung: 12000,00 EUR.
e) Wir heben 1200,00 EUR vom Bankkonto ab und legen den Betrag in die Kasse.
f) Kauf einer Bohrmaschine im Wert von 500,00 EUR bar.
g) Wir nehmen ein Darlehen in Höhe von 150000,00 EUR auf. Der Betrag wird unserem Bankkonto gutgeschrieben.

Grundbuch			
GV	**Konten**	**Soll**	**Haben**
a)			
b)			
c)			
d)			
e)			
f)			
g)			

2. Folgende Geschäftsvorfälle erfordern zusammengesetzte Buchungssätze. Bilden Sie die Buchungssätze und tragen Sie sie in das zur Verfügung stehende Grundbuch ein.

Geschäftsvorfälle:

a) Wir kaufen Smartphones im Wert von 4000,00 EUR für unsere Außendienstmitarbeiter durch Banküberweisung 3000,00 EUR und in bar 1000,00 EUR.

b) Ein Kunde zahlt eine Rechnung in Höhe von 12000,00 EUR durch Banküberweisung in Höhe von 10000,00 EUR und in bar 2000,00 EUR.

c) Wir zahlen eine Lieferantenrechnung über 8000,00 EUR durch Banküberweisung 5000,00 EUR und in bar 3000,00 EUR.

d) Wir tilgen ein Darlehen von 10000,00 EUR in bar 2000,00 EUR und durch Banküberweisung in Höhe von 8000,00 EUR.

e) Wir kaufen einen Lkw im Wert von 120000,00 EUR in bar 10000,00 EUR und durch Banküberweisung 40000,00 EUR. Die Restverbindlichkeit in Höhe von 70000,00 EUR muss in 3 Monaten gezahlt werden.

Grundbuch			
GV	Konten	Soll	Haben
a)			
b)			
c)			
d)			
e)			

Schulbuch S. 266–279

7 Auf Erfolgskonten buchen

Situation:

Die von René Drawe bearbeiteten Geschäftsvorfälle führten zu verschiedenen Veränderungen in der Bilanz der Goslarer Büromöbel AG. Die Bilanzposition Eigenkapital wurde bislang aber nicht berührt. Nun bearbeitet René Drawe Geschäftsvorfälle, die das Eigenkapital erhöhen bzw. vermindern.

GB Goslarer Büromöbel AG

Arbeitsaufträge:

1. Entscheiden Sie für folgende Geschäftsvorfälle, ob es sich um einen Aufwand oder einen Ertrag handelt. Kreuzen Sie an!

Nr.	Geschäftsvorfall	Aufwand	Ertrag
a)	Wir erhalten 5 000,00 EUR für eine vermietete Lagerhalle durch Banküberweisung.		
b)	Wir verkaufen Waren auf Ziel im Wert von 10 000,00 EUR.		
c)	Wir zahlen Gehälter in Höhe von 20 000,00 EUR per Banküberweisung.		
d)	Wir kaufen Büromaterial im Wert von 500,00 EUR bar.		
e)	Wir verkaufen eigene (fertige) Erzeugnisse für 25 000,00 EUR auf Ziel.		
f)	Für eine Werbung im Internet zahlen wir 1 000,00 EUR per Banküberweisung.		
g)	Die Bank schreibt uns für Ersparnisse Zinsen in Höhe von 400,00 EUR gut.		
h)	Wir kaufen Rohstoffe auf Ziel im Wert von 8 000,00 EUR (verbrauchsorientiert).		

2. Bilden Sie zu den obigen Geschäftsvorfällen die Buchungssätze inkl. der im Industriekontenrahmen zu findenden Kontonummern und tragen Sie sie in das zur Verfügung stehende Grundbuch ein.

Grundbuch			
GV	Konten	Soll	Haben
a)			
b)			
c)			
d)			

Grundbuch			
GV	**Konten**	**Soll**	**Haben**
e)			
f)			
g)			
h)			

3. Übertragen Sie Ihre Ergebnisse auf die entsprechenden Aufwands- und Ertragskonten und schließen Sie die Konten ab (Material 1). Um das Ganze übersichtlicher zu machen, verzichten wir hier auf die jeweiligen Gegenbuchungen auf den Bestandskonten.

4. Erstellen Sie das Gewinn- und Verlustkonto (GuV) der Goslarer Büromöbel AG (Material 2).

5. Berechnen Sie den Gewinn bzw. den Verlust, den die Goslarer Büromöbel AG erzielt hat.

____

6. Übertragen Sie Ihr Ergebnis auf das Eigenkapitalkonto (Material 3) und schließen Sie das Konto ab.

7. Ermitteln Sie, welche Auswirkung das Ergebnis des GuV-Kontos auf das Eigenkapital hat.

____

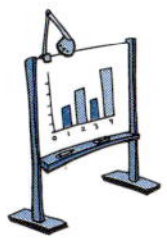

Material 1: Ergebniskonten der Goslarer Büromöbel AG

Aufwandskonten

S	6000 Aufwendungen für Rohstoffe	H

S	6800 Büromaterial	H

S	6300 Gehälter	H

S	6870 Werbung	H

Ertragskonten

S	5000 UE für eigene Erzeugnisse	H

S	5710 Zinserträge	H

S	5100 Umsatzerlöse für Waren	H

S	5081 Miet- und Pachterlöse	H

Material 2: GuV-Konto der Goslarer Büromöbel AG

Soll	8020 Gewinn- und Verlustkonto (GuV)	Haben

Material 3: Eigenkapitalkonto der Goslarer Büromöbel AG

Soll	3000 Eigenkapital		Haben
		AB	9 896 170,00

Schulbuch S. 280–282

8 Einen kompletten Geschäftsgang bearbeiten

Situation:

Im abgelaufenen Geschäftsjahr kam es zu folgenden **Geschäftsvorfällen:**

a) Wir zahlen eine Lieferantenrechnung über 6 000,00 EUR durch Banküberweisung.
b) Wir verkaufen einen Firmenwagen für 30 000,00 EUR auf Ziel.
c) Wir zahlen Gehälter in Höhe von 24 000,00 EUR per Banküberweisung.
d) Wir kaufen Büromaterial im Wert von 300,00 EUR bar.
e) Wir verkaufen eigene (fertige) Erzeugnisse für 28 000,00 EUR auf Ziel.
f) Kauf einer Fertigungsmaschine im Wert von 8 000,00 EUR durch Banküberweisung.
g) Die Bank schreibt uns für Ersparnisse Zinsen in Höhe von 800,00 EUR gut.
h) Wir kaufen Rohstoffe auf Ziel im Wert von 10 000,00 EUR (verbrauchsorientiert).
i) Wir verkaufen Waren auf Ziel im Wert von 16 000,00 EUR.
j) Ein Kunde zahlt eine Rechnung über 14 000,00 EUR durch Banküberweisung.
k) Wir heben 1 200,00 EUR vom Bankkonto ab und legen den Betrag in die Kasse.

Arbeitsaufträge:

1. Erstellen Sie auf der Grundlage der Bilanz aus dem vorangegangenen Geschäftsjahr (Material 1) das Eröffnungsbilanzkonto (Material 2).

2. Lösen Sie die Bilanz in Konten auf und tragen Sie die Anfangsbestände ein (Material 3).

3. Bilden Sie die Buchungssätze inkl. Kontonummern und tragen Sie sie in das Grundbuch ein.

Grundbuch

GV	Konten	Soll	Haben
a)			
b)			
c)			
d)			
e)			

Grundbuch

GV	Konten	Soll	Haben
f)			
g)			
h)			
i)			
j)			
k)			

4. Eröffnen Sie die Konten mit ihren Anfangsbeständen und buchen Sie auf den Konten die Geschäftsvorfälle (Material 3).

5. Erstellen Sie das Gewinn- und Verlustkonto (GuV) der Goslarer Büromöbel AG (Material 4).

6. Erstellen Sie die Bilanz der Goslarer Büromöbel AG zum 31. 12. 20.. (Material 5).

Material 1: Bilanz aus dem vorangegangenen Geschäftsjahr

Bilanz zum 31. 12. 20..

Aktiva		Passiva	
Grundstücke und Bauten	5853500,00	Eigenkapital	9896170,00
Techn. Anlagen und Maschinen	2611850,00	Darlehen	2000000,00
Fuhrpark	435000,00	Verbindlichkeiten a. L. u. L.	3850000,00
Betr.- und Geschäftsausstattung	699650,00	Sonstige Verbindlichkeiten	286000,00
Rohstoffe	1633718,00		
Unfertige Erzeugnisse	986000,00		
Fertige Erzeugnisse	730000,00		
Waren	400000,00		
Forderungen a. L. u. L.	1420000,00		
Kassenbestand	36570,00		
Guthaben bei Kreditinstituten (Bank)	1225882,00		
	16032170,00		16032170,00

Material 2: Eröffnungsbilanzkonto

Soll	8000 Eröffnungsbilanzkonto	Haben

Material 3: Bestands- und Erfolgskonten

S	0510 Bebaute Grundstücke	H

S	0860 Büromaschinen	H

S	0720 Techn. Anlagen und Maschinen	H

S	2000 Rohstoffe	H

S	0840 Fuhrpark	H

S	2100 Unfertige Erzeugnisse	H

S	2200 Fertige Erzeugnisse	H

S	2280 Waren	H

S	2400 Forderungen a. L. u. L.	H

S	2800 Guthaben bei Kreditinstituten	H

S	2880 Kasse	H

S	3000 Eigenkapital	H

S	4250 Langfristige Bankverbindlichkeiten	H

S	4400 Verbindlichkeiten a. L. u. L.	H

S	4830 Sonstige Verbindlichkeiten	H

S	5000 UE für eigene Erzeugnisse	H

S	5100 Umsatzerlöse für Waren	H

S	5710 Zinserträge	H

S	6000 Aufwendungen für Rohstoffe	H

S	6300 Gehälter	H

S	6800 Büromaterial	H

Material 4: Gewinn- und Verlustkonto

Soll	8020 Gewinn- und Verlustkonto (GuV)	Haben

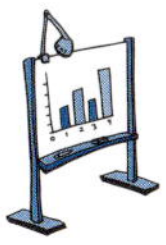

Material 5: Schlussbilanzkonto

Soll	8010 Schlussbilanzkonto	Haben

Schulbuch S. 283–287

9 Bestandsveränderungen buchen

Situation:

Bislang wurde immer unterstellt, dass die eingekauften Roh-, Hilfs- und Betriebsstoffe vollständig verbraucht wurden. Aus diesem Grund entsprachen die Anfangsbestände auf diesen Bestandskonten immer den Schlussbeständen. Dies entspricht jedoch nicht der Realität. Lieferausfälle beispielsweise führen dazu, dass man auf die vorhandenen Lagerbestände zugreifen muss. Dies führt zu einem Abbau der Bestände. Man spricht von sogenannten Bestandsminderungen. Ebenso ist es möglich, dass die Lagerbestände zunehmen. Storniert ein Kunde z. B. seinen Auftrag und sind die hierfür eingeplanten Werkstoffe bereits gekauft, führt dies unweigerlich zu Bestandsmehrungen. Diese Bestandsveränderungen müssen entsprechend gebucht werden.

Mira Decker, Mitarbeiterin der Buchhaltung, hat bei der Inventur am Ende des Jahres festgestellt, dass der Inventurbestand an Rohstoffen mit 8 000,00 EUR um 2 000,00 EUR höher ist als der Anfangsbestand.

Arbeitsaufträge:

1. Beschreiben Sie, was die von Mira Decker ermittelte Differenz zwischen Anfangs- und Endbestand aussagt, indem Sie den folgenden Satz ergänzen.

   Ist der Schlussbestand ______________ als der Anfangsbestand, heißt das, dass ein Teil der im Laufe des Jahres eingekauften Rohstoffe ____________ ________________ wurde.

2. Berichtigen Sie das Konto Aufwendungen für Rohstoffe unter der Annahme, dass im Laufe des Jahres Rohstoffe im Wert von 82 000,00 EUR auf Ziel eingekauft und als Aufwendungen für Rohstoffe gebucht wurden (Material 1). **Hinweis:** Zur Veranschaulichung soll hier auf die Darstellung des Gegenkontos Verbindlichkeiten a. L. u. L. verzichtet werden.

3. Bilden Sie den Buchungssatz für die Umbuchung der Bestandsmehrung.

Geschäftsvorfall	Konten	Soll	Haben
Umbuchung der Bestandsmehrung von 2 000,00 EUR			

4. Ermitteln Sie, wie viele Rohstoffe im Laufe des Jahres letztlich verbraucht worden sind. Denken Sie nach: Muss die Bestandsmehrung hinzugerechnet oder abgezogen werden?

   Um den Verbrauch zu ermitteln, muss die Bestandsmehrung ________________ werden.

Verbrauch im Laufe des Jahres	
Einkauf von Rohstoffen	
___ Bestandsmehrung	
= Verbrauch	

5. Im gleichen Zeitraum konnten eigene Erzeugnisse im Wert von 200 000,00 EUR auf Ziel verkauft werden. Buchen Sie den Geschäftsvorfall auf dem entsprechenden Konto (Material 1). **Hinweis:** Zur Veranschaulichung soll auch hier auf die Darstellung des Gegenkontos, in diesem Fall des Kontos Forderungen a. L. u. L., verzichtet werden.

6. Ermitteln Sie den Rohgewinn, den die Goslarer Büromöbel AG im abgeschlossenen Geschäftsjahr erzielt hat.

Rohgewinn im abgeschlossenen Geschäftsjahr	
Umsatzerlöse für eigene Erzeugnisse	
– Verbrauch von Rohstoffen	
= Rohgewinn	

Material 1: Darstellung auf den Konten

S	2000 Rohstoffe	H

S	8010 Schlussbilanzkonto	H
2000	8 000,00	

S	6000 Aufwendungen für Rohstoffe	H

S	8020 Gewinn- und Verlustkonto	H

S	5000 UE für eigene Erzeugnisse	H

7. **Abgeänderter Fall**

7.1 Mira Decker, Mitarbeiterin der Buchhaltung, hat bei der Inventur am Ende des Jahres festgestellt, dass der Inventurbestand an Rohstoffen mit 10 000,00 EUR um 4 000,00 EUR niedriger ist als der Anfangsbestand. Beschreiben Sie, was die Differenz zwischen Anfangs- und Endbestand aussagt, indem Sie den folgenden Satz ergänzen.

Ist der Schlussbestand ____________________ als der Anfangsbestand, heißt das, dass ____________ Rohstoffe verbraucht als eingekauft wurden.

7.2 Berichtigen Sie das Konto Aufwendungen für Rohstoffe unter der Annahme, dass im Laufe des Jahres Rohstoffe im Wert von 64 000,00 EUR auf Ziel eingekauft und als Aufwendungen für Rohstoffe gebucht wurden (Material 2). **Hinweis:** Zur Veranschaulichung soll auch hier auf die Darstellung des Gegenkontos Verbindlichkeiten a. L. u. L. verzichtet werden.

7.3 Bilden Sie den Buchungssatz für die Umbuchung der Bestandsminderung.

Geschäftsvorfall	Konten	Soll	Haben
Umbuchung der Bestandsminderung von 4 000,00 EUR			

7.4 Ermitteln Sie, wie viele Rohstoffe im Laufe des Jahres letztlich verbraucht worden sind. Denken Sie nach: Muss die Bestandsminderung hinzugerechnet oder abgezogen werden?

Um den Verbrauch zu ermitteln, muss die Bestandsminderung ______________________ werden.

Verbrauch im Laufe des Jahres	
Einkauf von Rohstoffen	
___ Bestandsminderung	
= Verbrauch	

7.5 Im gleichen Zeitraum konnten eigene Erzeugnisse im Wert von 160 000,00 EUR auf Ziel verkauft werden. Buchen Sie den Geschäftsvorfall auf dem entsprechenden Konto (Material 2). **Hinweis:** Zur Veranschaulichung soll auch hier auf die Darstellung des Gegenkontos, in diesem Fall des Kontos Forderungen a. L. u. L., verzichtet werden.

7.6 Ermitteln Sie den Rohgewinn, den die Goslarer Büromöbel AG im diesem Fall erzielt hat.

Rohgewinn im abgeschlossenen Geschäftsjahr	
Umsatzerlöse für eigene Erzeugnisse	
___ Verbrauch von Rohstoffen	
= Rohgewinn	

Material 2: Darstellung auf den Konten

S	2000 Rohstoffe	H

S	8010 Schlussbilanzkonto	H
2000	10 000,00	

S	6000 Aufwendungen für Rohstoffe	H

S	8020 Gewinn- und Verlustkonto	H

S	5000 UE für eigene Erzeugnisse	H

Schulbuch S. 289–299

10 Die Umsatzsteuer berücksichtigen

Situation:

Am Morgen des 5. Februar 20.. liegen zwei Rechnungen auf dem Schreibtisch von Mira Decker, der zuständigen Mitarbeiterin der Buchhaltung.

GB Goslarer Büromöbel AG

Beleg 1

Holz & Hobel AG
Schäfflerbachstraße 26
86003 Augsburg

Telefon: 0821 777-0
Telefax: 0821 777-3010
E-Mail: info@augsburg-holzundhobel.de

Holz & Hobel AG · Schäfflerbachstraße 26 · 86003 Augsburg
Goslarer Büromöbel AG
Industriepark 5
38644 Goslar

Kundennummer: 440309
Rechnung vom: 04.02.20..
Rechnungs-Nr.: 00-01-021
Sachbearbeiter: Herr Sittig
Bestellnummer: 941505
Bestelldatum: 01.02.20..
Lieferung am: 03.02.20..

Rechnung

Artikel	Artikelbezeichnung	Anzahl	Preis pro Holzpack	Bestellwert
121520	Holzbretter aus Kiefer im 10er Pack Länge 30 cm, Breite 23 cm, Stärke 2 cm	10	23,00 EUR	230,00 EUR
115510	Holzbretter aus Buche im 10er Pack Länge 60 cm, Breite 23 cm, Stärke 2,5 cm	10	53,12 EUR	531,20 EUR
			Warenwert	761,20 EUR
			+ 19 % USt	144,63 EUR
			Rechnungsbetrag	905,83 EUR

Bitte überweisen Sie den entsprechenden Betrag innerhalb von 14 Tagen nach Rechnungsdatum.

Holz & Hobel AG
Geschäftsführung: Erwin Althaus
Amtsgericht Augsburg: HRB 6034
USt-ID-Nummer: DE 127493945
St.-Nr.: 521 8168 473

Bankverbindungen:
Kreissparkasse Augsburg
IBAN: DE05 7205 0101 0067 7562 44
BIC: BYLADEM1AUG

Sparda-Bank Augsburg eG
IBAN: DE87 7209 0500 0076 7493 12
BIC: GENODEF1S03

Beleg 2

Goslarer Büromöbel AG

Goslarer Büromöbel AG · Industriepark 5 · 38644 Goslar
Bleibtreu GmbH
Duvenstraße 88
41199 Mönchengladbach

Bei Rückfragen bitte stets angeben:

Kundennummer:	D-2409
Auftragsnummer:	1-1099
Auftragsdatum:	01.02.20..
Lieferscheinnummer:	95 355
Lieferdatum:	04.02.20..
Rechnungsnummer:	101-099
Rechnungsdatum:	04.02.20..
Ihre Ansprechpartnerin:	Cornelia Berg
Telefon:	05321 3879-46

Rechnung

Wir berechnen für unsere Lieferung vom 04.02.20..

Artikel-Nr.	Menge	Bezeichnung	Einzelpreis EUR	Gesamtpreis EUR
A-1300100	3	Solito Regalsystem	1 101,00	3 303,00

Warenwert, netto	3 303,00
+ Frachtkosten	0,00
	3 303,00
+ 19 % USt	627,57
Rechnungsbetrag	3 930,57

Bitte überweisen Sie den Betrag innerhalb von 30 Tagen nach Rechnungsdatum.

Wir danken für Ihren Auftrag!

Goslarer Büromöbel AG
Industriepark 5, 38644 Goslar
Registergericht Goslar HRB 84759
USt-ID Nr. DE 68 837 465
Vorstand: Kai Sörensen (Vorsitzender), Thomas Werner, Helene Sims
Vorsitzende des Aufsichtsrats: Sarah Kern

Bankverbindungen:
Commerzbank Goslar
IBAN: DE75 2684 0032 0006 7523 04 BIC: COBADEFF268
Sparkasse Hildesheim Goslar Peine
IBAN: DE63 2595 0130 0000 6375 26 BIC: NOLADE21HIK

Arbeitsaufträge:

1. Nennen Sie die Art von Beleg, um die es sich in den vorliegenden Fällen handelt.

Beleg 1	
Beleg 2	

2. Buchen Sie die Geschäftsvorfälle auf den entsprechenden Konten.

Beleg 1

S 6000 Aufwendungen für Rohstoffe	H

S 2600 Vorsteuer	H

S 4400 Verbindlichkeiten a. L. u. L.	H

Beleg 2

S 2400 Forderungen a. L. u. L.	H

S 5000 UE für eigene Erzeugnisse	H

S 4800 Umsatzsteuer	H

3. Bilden Sie für beide Geschäftsvorfälle die Buchungssätze.

Beleg	Konten	Soll	Haben
1 (Einkauf)			
2 (Verkauf)			

4. Berechnen Sie in den beiden folgenden Fällen die Umsatzsteuer:

Geschäftsvorfälle	Umsatzsteuer
Wir kaufen Hilfsstoffe im Wert von 18 000,00 EUR netto zuzüglich 19 % USt	
Wir kaufen Hilfsstoffe im Wert von 18 000,00 EUR brutto einschließlich 19 % USt	

5. Bilden Sie zu den folgenden Geschäftsvorfällen die Buchungssätze inkl. Kontonummern und tragen Sie sie in das zur Verfügung stehende Grundbuch (Material 1) ein.

Weitere Geschäftsvorfälle im Februar 20..

a) Wir verkaufen Handelswaren auf Ziel im Wert von 12 000,00 EUR + 19 % USt.

b) Wir verkaufen an ein Unternehmen einen gebrauchten Firmenwagen im Wert von 20 000,00 EUR gegen Barzahlung. Der Betrag enthält 19 % USt.

c) Wir kaufen Betriebsstoffe gegen Rechnung netto 6 800,00 EUR + 19 % USt.

d) Wir verkaufen Fertigerzeugnisse auf Ziel im Wert von 14 400,00 EUR brutto einschließlich 19 % USt.

e) Wir kaufen Kopiergeräte per Banküberweisung im Wert von 16 000,00 EUR zuzüglich 19 % USt.

Material 1:

Grundbuch			
GV	**Konten**	**Soll**	**Haben**
a)			
b)			
c)			
d)			
e)			

6. Die Goslarer Büromöbel AG muss spätestens am 10. März 20.. den Differenzbetrag zwischen der Umsatzsteuer und der Vorsteuer aus dem Monat Februar an das Finanzamt überweisen.

6.1 Berechnen Sie anhand der beiden Geschäftsvorfälle aus dem Einstiegsfall und den fünf weiteren Geschäftsvorfällen aus Arbeitsauftrag 5 den Überweisungsbetrag, sprich die Zahllast, für den Monat Februar.

Geschäftsvorfälle im Februar 20..	USt	VSt
Kauf von Rohstoffen (Einstiegsfall Beleg 1)		
Verkauf von Fertigerzeugnissen (Einstiegsfall Beleg 2)		
Verkauf von Handelswaren		
Verkauf von gebrauchtem Firmenwagen		
Kauf von Betriebsstoffen		
Verkauf von Fertigerzeugnissen		
Kauf von Kopiergeräten		
Summe		
Überweisungsbetrag für Februar		

6.2 Buchen Sie die Vorgänge auf den folgenden Konten:

S	2600 Vorsteuer	H

S	4800 Umsatzsteuer	H

S	2800 Bank	H
AB	10 000,00	

6.3 Bilden Sie die beiden Buchungssätze.

Grundbuch			
GV	**Konten**	**Soll**	**Haben**
Ermittlung der Zahllast			
Banküberweisung der Zahllast an das Finanzamt			

7. Nehmen Sie an, die Zahllast im Monat Dezember beträgt 6 000,00 EUR. Hieraus ergibt sich die Situation, dass die Zahllast für den Monat Dezember am Bilanzstichtag, dem 31. 12. noch nicht überwiesen ist. Dies geschieht ja meist erst am 10. 01. des folgenden Jahres. Aus diesem Grund muss die Zahllast passiviert werden. Bilden Sie den Buchungssatz.

Grundbuch			
GV	**Konten**	**Soll**	**Haben**
Die Zahllast im Dezember ist am 31. 12. zu passivieren			

8. Nehmen Sie an, im Monat Mai wurde mehr eingekauft, als verkauft werden konnte. Ergänzen Sie hierzu nachfolgenden Lückentext.

Summe Umsatzsteuer	3 200,00 EUR
Summe Vorsteuer	4 600,00 EUR

Die gezahlte Vorsteuer ist ____________ als die eingenommene Umsatzsteuer. Man spricht hier vom sogenannten ____________________. Das ____________ muss den Betrag ____________ oder mit der Zahllast des nächsten ____________ verrechnen.

9. Die Vorsteuer wird vom Finanzamt nur erstattet, wenn eine Rechnung bestimmte Voraussetzungen erfüllt. Prüfen Sie, ob die folgende Rechnung (Material 2) diesen Anforderungen genügt.

☐ Ja, die Rechnung erfüllt sämtliche Anforderungen.

☐ Nein, es fehlen folgende Voraussetzungen:

1	
2	

Material 2: Rechnung der Holz Becker KG

Holz Becker KG

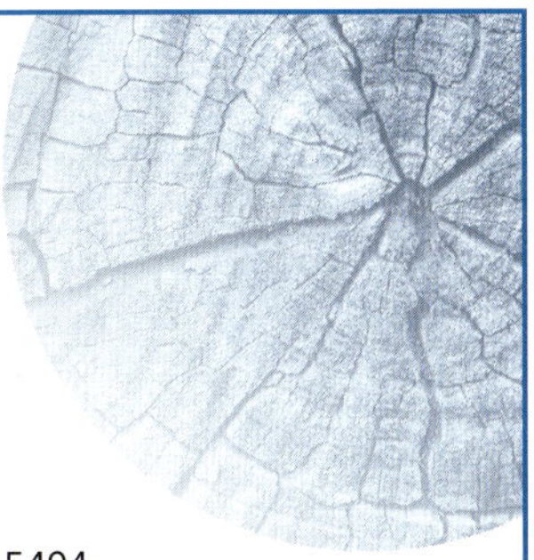

Holz Becker KG · Klausenstraße 55 · 74389 Freudenstadt

Goslarer Büromöbel AG
Industriepark 5
38644 Goslar

Kunden-Nr.: 5494
Ihr Bestelldatum: 06.03.20..
Lieferschein-Nr.: 625 276
Ihr Ansprechpartner: Jan Rudolf
Telefon: 07441 5560-75
E-Mail: rudolf@holzbecker.de

Datum: 17.03.20..

Rechnung Nr. 14-256

Sehr geehrte Frau Berg,

gemäß Ihrer Bestellung haben wir Ihnen folgende Artikel geliefert:

Bestell-nummer	Artikelbezeichnung	Menge	Einzelpreis	Gesamtpreis
623 459	Arbeitsplatte Buche massiv	1 120 St.	154,80 EUR	173 376,00 EUR
	– Rabatt			26 610,39 EUR
	+ Frachtkostenpauschale			200,00 EUR
	= Rechnungsbetrag netto			146 965,61 EUR
	+ 19 % USt			27 923,47 EUR
	= **Rechnungsbetrag brutto**			**174 889,08 EUR**

Bitte überweisen Sie den entsprechenden Betrag innerhalb von 14 Tagen nach Rechnungsdatum mit 2 % Skonto oder 30 Tagen netto Kasse.

Holz Becker KG

i. A. *Jan Rudolf*

Jan Rudolf

Geschäftsführung:
Peter Becker
Klaus Becker

Sitz der Gesellschaft:
Freudenstadt

Handelsregister:
Amtsgericht Freudenstadt
HRA 4568

Kommunikation:
Telefon: 07441 5560-0
Telefax: 07441 5560-1
E-Mail: info@holzbecker.de

Bankverbindungen:
Dresdner Bank Freudenstadt
IBAN: DE53600800000148835842
BIC: DRESDEFF600
Deutsche Bank Freudenstadt
IBAN: DE26640700850323698136
BIC: DEUTDESS640

Schulbuch S. 289–299

11 Einen Beleggeschäftsgang unter Berücksichtigung der Umsatzsteuer bearbeiten

Situation:

Im abgelaufenen Geschäftsjahr kam es zu folgenden Geschäftsvorfällen (Belege 1 bis 10). Beachten Sie, dass der Schlussbestand an Rohstoffen gemäß Inventur 398 000,00 EUR beträgt.

Goslarer Büromöbel AG

Arbeitsaufträge:

1. Erstellen Sie aus der Bilanz das Eröffnungsbilanzkonto (Material 1).
2. Lösen Sie die Bilanz in Konten auf und tragen Sie die Anfangsbestände ein (Material 3).
3. Bilden Sie die Buchungssätze inklusive Kontonummern und tragen Sie sie in das Grundbuch ein (Material 2).
4. Buchen Sie auf den Konten (Material 3) und schließen Sie die Konten ab.
5. Erstellen Sie das Gewinn- und Verlustkonto (GuV) und das Schlussbilanzkonto der Goslarer Büromöbel AG zum 31. Dez. 20.. (Material 4).

Material 1: Bilanz und Eröffnungsbilanzkonto

Bilanz zum 31. Dez. 20..

Aktiva		Passiva	
Grundstücke und Bauten	4 400 000,00	Eigenkapital	4 220 000,00
Techn. Anlagen und Maschinen	2 520 000,00	Langfr. Bankverbindlichkeiten	5 500 000,00
Büromaschinen	1 080 000,00	Verbindlichkeiten a. L. u. L.	300 000,00
Rohstoffe	400 000,00		
Fertige Erzeugnisse	820 000,00		
Forderungen a. L. u. L.	700 000,00		
Guthaben bei Kreditinstituten (Bank)	80 000,00		
Kassenbestand	20 000,00		
	10 020 000,00		10 020 000,00

8000 Eröffnungsbilanzkonto

Soll		Haben	
3000 Eigenkapital	....	0510 Bebaute Grundstücke	....
4250 Langfr. Bankverb.	....	0720 Techn. Anlagen und Maschinen	....
4400 Verbindlichkeiten a. L. u. L.	....	0860 Büromaschinen	....
		2000 Rohstoffe	....
		2200 Fertige Erzeugnisse	....
		2400 Forderungen a. L. u. L.	....
		2800 Guthaben bei Kreditinst. (Bank)	....
		2880 Kasse	....

Material 2: Grundbuch

Grundbuch			
GV	Konten	Soll	Haben
1			
2			
3 a			
3 b			
4			
5 a			
5 b			
6			
7 a			
7 b			
8			
9			
10			

Material 3: Bestands- und Erfolgskonten

S 0510 Bebaute Grundstücke H

S 0720 Techn. Anlagen und Maschinen H

S 0860 Büromaschinen H

S 2000 Rohstoffe H

S 2200 Fertige Erzeugnisse H

S 2400 Forderungen a. L. u. L. H

S 2600 Vorsteuer H

S 2800 Guthaben bei Kreditinstituten H

S 2880 Kasse H

S 3000 Eigenkapital H

S 4250 Langfristige Bankverbindlichkeiten H

S	4400 Verbindlichkeiten a. L. u. L.	H

S	6000 Aufwendungen für Rohstoffe	H

S	6800 Büromaterial	H

S	4800 Umsatzsteuer	H

S	6830 Kosten der Telekommunikation	H

S	5000 UE für eigene Erzeugnisse	H

Material 4: GuV und Schlussbilanzkonto

Soll	8020 Gewinn- und Verlustkonto (GuV)	Haben

Soll		8010 Schlussbilanzkonto	Haben
0510 Bebaute Grundstücke		3000 Eigenkapital	
0720 Techn. Anlagen und Maschinen		4250 Langfr. Bankverb.	
0860 Büromaschinen		4400 Verbindlichkeiten a. L. u. L.	
2000 Rohstoffe		4800 Umsatzsteuer (USt-Zahllast)	
2200 Fertige Erzeugnisse			
2400 Forderungen a. L. u. L.			
2800 Guthaben bei Kreditinst. (Bank)			
2880 Kasse			

Beleg 1

GB Goslarer Büromöbel AG

Goslarer Büromöbel AG · Industriepark 5 · 38644 Goslar
Innovation AG
Leipziger Str. 120
01127 Dresden

Bei Rückfragen bitte stets angeben:

Kundennummer:	D-5469
Auftragsnummer:	1-1395
Auftragsdatum:	10.11.20..
Lieferscheinnummer:	135 276
Lieferdatum:	18.11.20..
Rechnungsnummer:	0814-029
Rechnungsdatum:	18.11.20..
Ihre Ansprechpartnerin:	Tülay Can
Telefon:	05321 3879-75

Rechnung

Wir berechnen für unsere Lieferung vom 18.11.20..

Artikel-Nr.	Menge	Bezeichnung	Einzelpreis EUR	Gesamtpreis EUR
A-1100100	5	Rollcontainer Tiamo	460,00	2 300,00

Warenwert, netto	2 300,00
+ Frachtkosten	0,00
	2 300,00
+ 19 % USt	437,00
Rechnungsbetrag	2 737,00

Beleg 2

Quittung

Netto EUR	380,00
+ 19 % MwSt./EUR	72,20
Gesamt EUR	452,20

Nr. 32

EUR in Worten: Vierhundertzweiundfünfzig — Cent wie oben

von: Goslarer Büromöbel AG

für: Kopierpapier

dankend erhalten.

Ort/Datum: Goslar, 05.12.20..

Buchungsvermerke

Stempel/Unterschrift des Empfängers: Max Heimlich

Quittung

Beleg 3

SIK – KAD 8/98 S

Bitte beachten Sie die Hinweise auf der Rückseite

IBAN		BIC
DE63259501300000637526	SPARKASSE HILDESH. GOSLAR PEINE	NOLADE21HIK

Buchungstag	Tag der Wertstellung	Verwendungszweck/Buchungstext	
		alter Kontostand	+ 80 000,00
06.12.	06.12.	Lastschrift Lenz KG Rechnungs-Nr. 002216	– 7 791,22
06.12.	06.12.	Lastschrift Finanzamt Goslar USt-Zahllast November 20..	– 437,00
		neuer Kontostand	+ 71 771,78

Goslarer Büromöbel AG
Industriepark 5
38644 Goslar

50/00

UST-ID DE 1463504540

Kontoauszug vom	Auszug	Blatt
06.12.20..	120	1

Beleg 4

SIK – KAD 8/98 S

Bitte beachten Sie die Hinweise auf der Rückseite

IBAN		BIC
DE63259501300000637526	SPARKASSE HILDESH. GOSLAR PEINE	NOLADE21HIK

Buchungstag	Tag der Wertstellung	Verwendungszweck/Buchungstext	
		alter Kontostand	+ 71 771,78
11.12.	11.12.	Barauszahlung für Geschäftskasse	– 3 000,00
		neuer Kontostand	+ 68 771,78

Goslarer Büromöbel AG
Industriepark 5
38644 Goslar

50/00

UST-ID DE 1463504540

Kontoauszug vom	Auszug	Blatt
11.12.20..	121	1

Beleg 5

SIK – KAD 8/98 S

Bitte beachten Sie die Hinweise auf der Rückseite

IBAN		BIC
DE63259501300000637526	SPARKASSE HILDESH. GOSLAR PEINE	NOLADE21HIK

Buchungstag	Tag der Wertstellung	Verwendungszweck/Buchungstext	
		alter Kontostand	+ 68 771,78
12.12.	12.12.	Lastschrift Telekom-Anschluss inkl. 19 % USt* 040 6724-0 November 20..	– 714,00
12.12.	12.12.	Lastschrift Sparkasse Goslar Darlehen Nr. 2065633	– 3 500,00
		neuer Kontostand	+ 64 557,78

Goslarer Büromöbel AG
Industriepark 5
38644 Goslar

50/00

UST-ID DE 1463504540

Kontoauszug vom	Auszug	Blatt
12.12.20..	122	1

* Rechnung der Telekom liegt vor und wird zeitgleich mit der Kontobelastung gebucht.

Beleg 6

Goslarer Büromöbel AG

Goslarer Büromöbel AG · Industriepark 5 · 38644 Goslar
Gertrud Brandt KG
Südstraße 7
20083 Hamburg

Bei Rückfragen bitte stets angeben:

Kundennummer:	D-2759
Auftragsnummer:	1-3499
Auftragsdatum:	12.12.20..
Lieferscheinnummer:	145 276
Lieferdatum:	19.12.20..
Rechnungsnummer:	0914-399
Rechnungsdatum:	19.12.20..
Ihr Ansprechpartner:	Niklas Höth
Telefon:	05321 3879-76

Rechnung

Wir berechnen für unsere Lieferung vom 19.12.20..

Artikel-Nr.	Menge	Bezeichnung	Einzelpreis EUR	Gesamtpreis EUR
A-1501100	60	Bürostuhl Verdan	90,00	5 400,00

Warenwert, netto	5 400,00
+ Frachtkosten	0,00
	5 400,00
+ 19 % USt	1 026,00
Rechnungsbetrag	6 426,00

Beleg 7

SIK – KAD 8/98S

Bitte beachten Sie die Hinweise auf der Rückseite

IBAN		BIC
DE63259501300000637526	SPARKASSE HILDESH. GOSLAR PEINE	NOLADE21HIK

Buchungstag	Tag der Wertstellung	Verwendungszweck/Buchungstext	
		alter Kontostand	+ 63 802,13
20.12.	20.12.	Zahlungseingang Mega-Druck GmbH Rechnungsnummer 1-1107	+ 120 250,36
21.12.	21.12.	Lastschrift Franz Meyer e.K. Rechnungs-Nr. 430 458	– 17 354,68
		neuer Kontostand	+ 166 697,81

Goslarer Büromöbel AG
Industriepark 5
38644 Goslar

50/00

UST-ID DE 1463504540

Kontoauszug vom	Auszug	Blatt
21.12.20..	123	1

Beleg 8

Carl Bärenbrink KG

Ihr Büroprofi

Carl Bärenbrink KG · Brückenstr. 12 · 50667 Köln
Goslarer Büromöbel AG
Industriepark 5
38644 Goslar

Kundennummer:	138413
Lieferung am:	17.12.20..
Ihr Zeichen:	sla
Ihr Nachricht vom:	23.12.20..
Unser Zeichen:	fra
Telefon:	07026 555-0
Telefax:	07026 555-20
E-Mail:	buero@baerenbrink.de
Datum:	24.12.20..

Rechnung Nr. 12-00574

Artikel-Nr.	Artikelbezeichnung	Menge	Einzelpreis	Gesamtpreis
7612	Kopiergerät „Copy Controller 2600“	1	1450,00 EUR	1450,00 EUR
	= Warenwert netto			1450,00 EUR
	+ 19 % USt			275,50 EUR
	= Rechnungsbetrag brutto			**1725,50 EUR**

Zahlungsziel: 18.01.20.. – 3 % Skonto bei Zahlung innerhalb von 14 Tagen.
Die Lieferung erfolgte auf der Grundlage unserer Allgemeinen Geschäftsbedingungen.

Beleg 9

Quittung

Netto EUR	1200,00
+19 % MwSt./EUR	228,00
Gesamt EUR	1428,00
Nr.	32
EUR in Worten	eintausendvierhundertachtundzwanzig (Cent wie oben)
von	Goslarer Büromöbel AG
für	Notebook Acer Extensa 4102 WMLi
	dankend erhalten.
Ort/Datum	Goslar, 23.12.20..
Buchungsvermerke	
Stempel/Unterschrift des Empfängers	Benjamin Buchheim

Quittung

Beleg 10

Holz & Hobel AG

Schäfflerbachstraße 26
86003 Augsburg

Telefon: 0821 777-0
Telefax: 0821 777-3010
E-Mail: info@augsburg-holzundhobel.de

Holz & Hobel AG · Schäfflerbachstraße 26 · 86003 Augsburg
Goslarer Büromöbel AG
Industriepark 5
38644 Goslar

Kundennummer: 440309
Rechnung vom: 20. 12. 20..
Rechnungs-Nr.: 00-01-7653
Sachbearbeiter: Herr Sittig
Bestellnummer: 9887532
Bestelldatum: 15. 12. 20..
Lieferung am: 19. 12. 20..

Rechnung

Artikel	Artikelbezeichnung	Anzahl	Preis pro Holzpack	Bestellwert
156632	Holzbretter aus Ahorn Länge 200 cm, Breite 10 cm, Stärke 2 cm	100	13,50 EUR	1 350,00 EUR
			Warenwert	1 350,00 EUR
			+ 19 % USt	256,50 EUR
			Rechnungsbetrag	1 606,50 EUR

Zahlungsziel: 20. 01. 20..
–3 % Skonto bei Zahlung bis zum: 30. 12. 20..

Skonto 48,20 EUR
Skontozahlungsbetrag 1 558,30 EUR

Holz & Hobel AG
Geschäftsführung: Erwin Althaus
Amtsgericht Augsburg: HRB 6034
USt-ID-Nummer: DE 127493945
St.-Nr.: 521 8168 473

Bankverbindungen:
Kreissparkasse Augsburg
IBAN: DE05 7205 0101 0067 7562 44
BIC: BYLADEM1AUG

Sparda-Bank Augsburg eG
IBAN: DE87 7209 0500 0076 7493 12
BIC: GENODEF1S03

12 Sachanlagen buchen

Schulbuch S. 302–312

Situation:

Max Meier ist bei der Goslarer Büromöbel AG für die Buchungen im Sachanlagenbereich zuständig. Am 10. Januar 20.. liegen folgende Belege auf seinem Schreibtisch:[1]

GB Goslarer Büromöbel AG

VOTH MASCHINENBAU OHG, ALTDORF

Voth Maschinenbau OHG · Industriestraße 1–20 · 72655 Altdorf
Goslarer Büromöbel AG
Industriepark 5
38644 Goslar

Lieferdatum: 03.01.20..
Rechnungsdatum: 05.01.20..

Rechnung-Nr. 01-017

Menge	Bezeichnung	Einzelpreis	Gesamtpreis
5	Sägemaschinen Typ 37-AC	15680,00 EUR	78400,00 EUR
		+ 19 % USt	14896,00 EUR
			93296,00 EUR

Vielen Dank für Ihren Auftrag!

Sitz der Gesellschaft: Altdorf Registergericht Nürnberg HRA 1854 Steuer-Nr.: 74859/32658

Quittung

Netto EUR	600,00
+19 % MwSt./EUR	114,00
Gesamt EUR	714,00

Nr. 12
EUR in Worten: siebenhundertvierzehn (Cent wie oben)
von: Goslarer Büromöbel AG
für: Anlieferung von 5 Sägemaschinen Typ 37-AC
dankend erhalten.
Ort/Datum: Goslar, 03.01.20..
Buchungsvermerke
Stempel/Unterschrift des Empfängers: Blitz-Spedition GmbH, Postfach 34278, 25462 Rellingen, i.A. Rudi Brummer

Quittung

---

1 Zum besseren Verständnis wird in der Einstiegssituation auf Anschaffungspreisminderungen wie Rabatte, Skonti, Boni und sonstige Nachlässe verzichtet.

Arbeitsaufträge:

1. Bilden Sie die Buchungssätze zum Geschäftsfall „Beschaffung eines Sachanlagegutes“ und tragen Sie sie in das Grundbuch ein:

   1.1 zum Zeitpunkt der Anschaffung der Sägemaschinen.

Grundbuch			
GV	Konten	Soll	Haben
Anschaffung der Sägemaschinen auf Ziel			

   1.2 bei der Zahlung der Eingangsrechnung für die Transportkosten bar. **Hinweis:** Bezugskosten, wie z. B. Transportkosten, werden direkt auf dem betreffenden Anlagekonto gebucht.

Grundbuch			
GV	Konten	Soll	Haben
Bezahlung der Transportkosten bar			

   1.3 bei der Zahlung der Eingangsrechnung für die Sägemaschinen per Banküberweisung.

Grundbuch			
GV	Konten	Soll	Haben
Begleichen der Rechnung per Banküberweisung			

2. Buchen Sie die Geschäftsfälle auf den folgenden Konten.

S	0720 Techn. Anlagen und Maschinen	H

S	2880 Kasse	H
AB	10 000,00	

S	2600 Vorsteuer	H

S	4400 Verbindlichkeiten a. L. u. L.	H

S	2800 Bank	H
AB	600 000,00	

3. Häufig werden im Rahmen von Kaufverträgen Rabatte, Skonti oder andere Nachlässe gewährt. Diese Nachlässe mindern den Anschaffungspreis und damit die Anschaffungskosten.

   Ermitteln Sie für den folgenden Fall die Anschaffungskosten.

   Die Goslarer Büromöbel AG hat bei einem Autohändler in Wolfsburg drei neue Fahrzeuge für ihre Außendienstmitarbeiter bestellt. Der Anschaffungspreis für die drei Fahrzeuge betrug insgesamt 92 000,00 EUR netto. Der Autohändler hat der Goslarer Büromöbel AG im Kaufvertrag bei Zahlung innerhalb von 14 Tagen nach Eingang der Rechnung 2 % Skonto eingeräumt, den die Goslarer Büromöbel AG auch auszunutzen gedenkt. Für die Überführung der Fahrzeuge aus Wolfsburg sind 800,00 EUR netto zu veranschlagen.

4. Anlagegüter, wie z. B. die Sägemaschinen aus der Einstiegssituation, verlieren durch ihren täglichen Gebrauch an Wert. Um ihren Wert auf dem Schlussbilanzkonto richtig darzustellen, wird ein bestimmter Betrag, der sogenannte Abschreibungsbetrag, als Wertminderung von den Anschaffungskosten abgezogen.

   4.1 Ermitteln Sie zunächst die Anschaffungskosten der fünf Sägemaschinen.

4.2 Für die fünf Sägemaschinen wird eine Nutzungsdauer von acht Jahren angenommen. Führen Sie rechnerisch die Abschreibung nach der linearen Methode über die gesamte Laufzeit durch.

Anschaffungskosten	
– Abschreibung 1. Jahr	
= Buchwert am Ende des 1. Jahres	
– Abschreibung 2. Jahr	
= Buchwert am Ende des 2. Jahres	
– Abschreibung 3. Jahr	
= Buchwert am Ende des 3. Jahres	
– Abschreibung 4. Jahr	
= Buchwert am Ende des 4. Jahres	
– Abschreibung 5. Jahr	
= Buchwert am Ende des 5. Jahres	
– Abschreibung 6. Jahr	
= Buchwert am Ende des 6. Jahres	
– Abschreibung 7. Jahr	
= Buchwert am Ende des 7. Jahres	
– Abschreibung 8. Jahr	
= Buchwert am Ende des 8. Jahres	

4.3 Eine Alternative zur linearen Abschreibung stellt die degressive Abschreibung dar. Führen Sie rechnerisch die degressive Abschreibung über die gesamte Laufzeit durch.

Annahme: Der Abschreibungssatz beträgt 20 %.

Anschaffungskosten	
– Abschreibung 1. Jahr	
= Buchwert am Ende des 1. Jahres	
– Abschreibung 2. Jahr	
= Buchwert am Ende des 2. Jahres	
– Abschreibung 3. Jahr	
= Buchwert am Ende des 3. Jahres	
– Abschreibung 4. Jahr	
= Buchwert am Ende des 4. Jahres	
– Abschreibung 5. Jahr	
= Buchwert am Ende des 5. Jahres	
– Abschreibung 6. Jahr	
= Buchwert am Ende des 6. Jahres	
– Abschreibung 7. Jahr	
= Buchwert am Ende des 7. Jahres	
– Abschreibung 8. Jahr	
= Buchwert am Ende des 8. Jahres	

4.4 Da bei der degressiven Abschreibung im letzten Jahr ein sehr hoher Betrag abgeschrieben werden muss, können die Unternehmen zu einem beliebigen Zeitpunkt zur linearen Abschreibung wechseln.

4.4.1 Ermitteln und erläutern Sie, zu welchem Zeitpunkt dieser Wechsel, bezogen auf das obige Beispiel, sinnvoll ist.

Erläuterung:

4.4.2 Berechnen Sie die Abschreibungsbeträge für den Fall, dass der Wechsel von der degressiven zur linearen Abschreibung zu dem von Ihnen bestimmten Zeitpunkt stattfindet.

Anschaffungskosten		
– Abschreibung 1. Jahr		
= Buchwert am Ende des 1. Jahres		
– Abschreibung 2. Jahr		
= Buchwert am Ende des 2. Jahres		
– Abschreibung 3. Jahr		
= Buchwert am Ende des 3. Jahres		
– Abschreibung 4. Jahr		
= Buchwert am Ende des 4. Jahres		
– Abschreibung 5. Jahr		
= Buchwert am Ende des 5. Jahres		
– Abschreibung 6. Jahr		
= Buchwert am Ende des 6. Jahres		
– Abschreibung 7. Jahr		
= Buchwert am Ende des 7. Jahres		
– Abschreibung 8. Jahr		
= Buchwert am Ende des 8. Jahres		

5. Die Wertminderung des Anlagevermögens stellt einen betrieblichen Aufwand dar. Bilden Sie bezogen auf die Anschaffung der fünf Sägemaschinen die Buchungssätze zu den Geschäftsvorfällen und tragen Sie sie in das Grundbuch ein.

Annahmen: Die Berechnung des Abschreibungsbetrages erfolgt nach der linearen Methode. Der Anfangsbestand auf dem Konto 0720 Technische Anlagen und Maschinen beträgt 79 000,00 EUR.

Grundbuch			
GV	Konten	Soll	Haben
Buchung der Abschreibung			

Grundbuch			
GV	Konten	Soll	Haben
Buchungen beim Abschluss 1			

Grundbuch			
GV	Konten	Soll	Haben
Buchungen beim Abschluss 2			

6. Buchen Sie die Abschreibung und schließen Sie die Konten ab.

S	0720 Techn. Anlagen und Maschinen		H
AB	79 000,00		

S	8010 Schlussbilanzkonto		H

S	6520 Abschreibungen auf Sachanlagen		H

S	8020 GuV		H

Schulbuch S. 315–323

13 Bilanzkennziffern ermitteln und beurteilen

Situation:

Die Goslarer Büromöbel AG hat die Bewertung des Vermögens und der Schulden erledigt und den Jahresabschluss für das Geschäftsjahr 02 erstellt. Für sie scheint es ein erfolgreiches Jahr gewesen zu sein, schließlich hat die AG doch einen guten Jahresüberschuss erwirtschaftet.

Der Ausweis des Jahresüberschusses genügt dem Vorstand nicht. Er ist der Ansicht, dass man erst nach Auswertung des aktuellen Jahresabschlusses zu einer gesicherten Meinung gelangen könne. Er bittet daher die Controllingabteilung um eine Auswertung.

Für den kommenden Arbeitstag bittet der Abteilungsleiter Victor Castro daher um Mitarbeit bei der Aufbereitung des Jahresabschlusses und der Ermittlung der für die Goslarer Büromöbel AG wichtigen Bilanzkennziffern.

Am 31. Dezember 20.. weist die Goslarer Büromöbel AG folgende Bilanz aus:

Bilanz zum 31. Dezember 02 (in EUR)

Aktiva		Passiva	
A. Anlagevermögen		**A. Eigenkapital**	
Grundstücke und Gebäude	2 853 500,00	Gezeichnetes Kapital	5 900 000,00
Techn. Anlagen und Maschinen	611 850,00	Gewinnrücklagen	2 037 000,00
Fuhrpark	435 000,00	**B. Fremdkapital**	
Büromöbel und Geschäftsausst.	1 387 150,00	Darlehensschulden	7 092 633,00
B. Umlaufvermögen		Verbindlichkeiten a. L. u. L.	3 804 728,00
Roh-, Hilfs- und Betriebsstoffe	2 633 718,00	Sonstige Verbindlichkeiten	1 087 654,00
Unfertige Erzeugnisse	986 000,00		
Fertige Erzeugnisse	2 082 500,00		
Waren	3 015 330,00		
Forderungen a. L. u. L.	5 417 739,00		
Bank	463 358,00		
Kasse	35 870,00		
Summe Aktiva	**19 922 015,00**	**Summe Passiva**	**19 922 015,00**

Arbeitsaufträge:

1. Bereiten Sie nach dem folgenden Muster die vorliegende Bilanz der Goslarer Büromöbel AG zur Analyse auf.

Strukturbilanz (Muster)

Aktiva	Passiva
A. Anlagevermögen	**A. Eigenkapital**
B. Umlaufvermögen	**B. Fremdkapital**
I. Vorräte	I. Langfristiges Fremdkapital
II. Forderungen	II. Kurzfristiges Fremdkapital
III. Flüssige Mittel	

Aktiva	**Strukturbilanz der Goslarer Büromöbel AG zum 31. Dezember 02** (in EUR)	Passiva

2. Ermitteln Sie für das abgelaufene Geschäftsjahr (Jahr 02) die aufgeführten Bilanzkennziffern und werten Sie diese aus.

Kennzahlencockpit „Bilanzkennziffern Jahr 02“

Bilanzkennziffern zur Vermögensstruktur	Berechnungsformel	Ergebnis
Anlageintensität		
Umlaufintensität		
Vorratsquote		
Forderungsquote		

Auswertung:

Bilanzkennziffern zur Finanzierung	Berechnungsformel	Ergebnis
Eigenkapitalintensität		
Fremdkapitalintensität		
Verschuldungsgrad		

Auswertung:

Bilanzkennziffern zur Investierung	Berechnungsformel	Ergebnis
Anlagendeckung I		
Anlagendeckung II		

Auswertung:

Bilanzkennziffern zur Liquidität	Berechnungsformel	Ergebnis
Liquidität 1. Grades		
Liquidität 2. Grades		

Auswertung:

Fortsetzung der Situation:

Aus dem Vorjahr (Jahr 01) liegen die folgenden Bilanzkennziffern für die Goslarer Büromöbel AG vor:

Bilanzkennziffern zur Vermögensstruktur

Anlageintensität:	24,45 %
Umlaufintensität:	75,55 %
Vorratsquote:	47,45 %
Forderungsquote:	22,18 %

Bilanzkennziffern zur Finanzierung

Eigenkapitalintensität:	34,24 %
Fremdkapitalintensität:	65,76 %
Verschuldungsgrad:	166,99 %

Bilanzkennziffern zur Investierung

Anlagendeckung I:	132,88 %
Anlagendeckung II:	246,67 %

Bilanzkennziffern zur Liquidität

Liquidität 1. Grades:	9,30 %
Liquidität 2. Grades:	112,25 %

3. Vergleichen Sie nun die Ergebnisse aus dem abgelaufenen Jahr (Jahr 02) mit den Ergebnissen aus dem Vorjahr (Jahr 01) und beurteilen Sie die Entwicklung.

	Kennzahlencockpit (innerbetrieblicher Vergleich – Jahre 02/01)			
	Bilanzkennziffern	**Jahr 02**	**Jahr 01**	**Fazit***
Vermögensstruktur	Anlageintensität			
	Umlaufintensität			
	Vorratsquote			
	Forderungsquote			
Finanzierung	Eigenkapitalintensität			
	Fremdkapitalintensität			
	Verschuldungsgrad			
Investierung	Anlagendeckung I			
	Anlagendeckung II			
Liquidität	Liquidität 1. Grades			
	Liquidität 2. Grades			

* ↑ = positive Entwicklung / ↔ = relativ konstante Entwicklung / ↓ = negative Entwicklung.

Erkenntnisse	**Zur Vermögensstruktur:**
	Zur Finanzierung:
	Zur Investierung:
	Zur Liquidität:

Gesamtfazit	

4. Die Goslarer Büromöbel AG hat im Rahmen der Jahresabschlussanalyse die Bilanzkennziffern des abgelaufenen Jahres mit denen des Vorjahres verglichen, also einen innerbetrieblichen Vergleich durchgeführt. Nennen Sie eine weitere Möglichkeit, die wirtschaftliche Lage des Unternehmens zu beurteilen.

Nebenrechnungen:

Schulbuch S. 326–328

14 Rentabilitätskennziffern ermitteln und beurteilen

Situation:

Am Ende des Jahres erhält die Controllingabteilung der Goslarer Büromöbel AG von der Geschäftsführung den Auftrag, die Gewinn- und Verlustrechnung sowie die Schlussbilanz für das abgelaufene Geschäftsjahr zu erstellen. Anschließend soll sie die aktuellen Zahlen mit denen des Vorjahres vergleichen und darüber hinaus auch die von der Deutschen Bundesbank veröffentlichten Branchenkennzahlen berücksichtigen.

GB Goslarer Büromöbel AG

Arbeitsaufträge:

1. Um herauszufinden, ob sich die Goslarer Büromöbel AG erfolgreich auf dem Markt behauptet hat, greift der Abteilungsleiter Victor Castro im Rahmen der Ergebnisanalyse auf folgende drei Rentabilitätskennziffern zurück:

   - Eigenkapitalrentabilität
   - Gesamtkapitalrentabilität
   - Umsatzrentabilität (Return on Sales)

   Ermitteln Sie unter Zuhilfenahme von Material 1 sowohl für das abgelaufene Geschäftsjahr (Jahr 02) als auch für das Vorjahr (Jahr 01) die im Kennzahlencockpit aufgeführten Kennzahlen. Bitte runden Sie auf zwei Stellen hinter dem Komma.

   Interpretieren Sie anschließend das Ergebnis im Rahmen eines Gesamtfazits.

Kennzahlencockpit (interner Vergleich)				
Kennzahlen	**Jahr 01**	**Jahr 02**	**Ergebnis (+/–) in %**	**Fazit**[1]
Eigenkapitalrentabilität				
Gesamtkapitalrentabilität				
Umsatzrentabilität				

Gesamtfazit	

1 ↑ = positive Entwicklung / ↕ = relativ konstante Entwicklung / ↓ = negative Entwicklung

2. Vergleichen Sie nun Ergebnisse der Goslarer Büromöbel AG mit den Durchschnittswerten der Büromöbelbranche.

   Interpretieren Sie auch hier das Ergebnis im Rahmen eines Gesamtfazits.

Kennzahlen Büromöbelbranche	
Eigenkapitalrentabilität	27%
Gesamtkapitalrentabilität	19%
Umsatzrentabilität	11%

Kennzahlencockpit (Vergleich mit der Branche)			
Umsatz	**Branche 02**	**Goslarer Büromöbel AG**	**Fazit[1]**
Eigenkapitalrentabilität			
Gesamtkapitalrentabilität			
Umsatzrentabilität			

Gesamtfazit	

Material 1: Zahlen aus der Buchhaltung

Gewinn- und Verlustrechnung (Jahr 01 = vorheriges Jahr)

Aufwendungen		Erträge	
Aufwendungen (Werkstoffe)	10 500 000,00	Umsatzerlöse	20 300 000,00
Löhne	1 500 000,00		
Gehälter	2 200 000,00		
Miete	800 000,00		
Büromaterial	200 000,00		
Steuern	500 000,00		
Instandhaltung	500 000,00		
Fremdkapitalzinsen	300 000,00		
Abschreibungen	1 800 000,00		
Gewinn	2 000 000,00		
	20 300.000,00		20 300 000,00

Gewinn- und Verlustrechnung (Jahr 02 = abgelaufenes Jahr)

Aufwendungen		Erträge	
Aufwendungen (Werkstoffe)	10 500 000,00	Umsatzerlöse	21 800 000,00
Löhne	1 600 000,00		
Gehälte	2 400 000,00		
Miete	800 000,00		
Büromaterial	200 000,00		
Steuern	600 000,00		
Instandhaltung	500 000,00		
Fremdkapitalzinsen	500 000,00		
Abschreibungen	2 200 000,00		
Gewinn	2 500 000,00		
	21 800 000,00		21 800 000,00

1 ↑ = besser als die Branche / ↔ = gleich gut / ↓ = schlechter als die Branche

Schlussbilanz (Jahr 01 = vorheriges Jahr)

Aktiva		Passiva	
Bebaute Grundstücke	5400000,00	Eigenkapital[1]	8220000,00
TA & Maschinen	3520000,00	Darlehen[2]	5500000,00
Geschäftsausstattung	1080000,00	Verbindlichkeiten a. L. u. L.[3]	300000,00
Rohstoffe	1400000,00		
Fertige Erzeugnisse	1420000,00		
Forderungen a. L. u. L.	700000,00		
Kassenbestand	20000,00		
Bankguthaben	80000,00		
	14020000,00		14020000,00

1 Eigenkapital zu Beginn des Jahres: 7080000,00 EUR
2 Darlehen zu Beginn des Jahres: 5000000,00 EUR
3 Verbindlichkeiten a. L. u. L. zu Beginn des Jahres: 400000,00 EUR

Schlussbilanz (Jahr 02 = abgelaufenes Jahr)

Aktiva		Passiva	
Bebaute Grundstücke	6400000,00	Eigenkapital[1]	10220000,00
TA & Maschinen	4500000,00	Darlehen[2]	6500000,00
Geschäftsausstattung	1080000,00	Verbindlichkeiten a. L. u. L.[3]	480000,00
Rohstoffe	2800000,00		
Fertige Erzeugnisse	1420000,00		
Forderungen a.L.u.L.	700000,00		
Kassenbestand	20000,00		
Bankguthaben	280000,00		
	17200000,00		17200.000,00

1 Eigenkapital zu Beginn des Jahres: 8220000,00 EUR
2 Darlehen zu Beginn des Jahres: 5500000,00 EUR
3 Verbindlichkeiten a. L. u. L. zu Beginn des Jahres: 300000,00 EUR